a manual on meditation

THE MIRACLE OF MINDFULNESS

正念的奇蹟

Thich Nhat Hanh

一行禪師

何定照——譯

目次

附錄 ｜佛經選讀

生活即是禪修

　　學僧有源問大珠慧海禪師：「和尚最近怎麼用功？」大珠答道：「飢來吃飯，睏來眠。」「平常人不也吃飯睡覺？這也叫修行？」大珠禪師說：「平常人吃飯時千般計較，不肯吃飯；睡覺時百般思索，不肯睡覺。」悟道的禪師和凡人一樣要吃飯、睡覺，只是他「吃飯時吃飯，睡覺時睡覺」，這就是「禪」——真正地活在當下。

如何由白日夢中醒來

　　一般人平日生活忙碌，心除了隨著外境團團轉之外，根本不知道自己的「覺性」何在。回想昨天白天所過的日子，和夜晚所做的夢有何差別？都是如夢如幻，無二無別，所以一般人所過的生活，無異於白日夢。一個沒有「覺性」的人，就如拖著死屍的夢中人。

　　我們應如何在白日夢中醒過來，成為一個「覺者」呢？這就要靠佛陀教導的「入出息念」與「四念處」，也就是一行禪師所說的「正念」。正念不僅能讓我們從醉生夢死的輪迴

中警醒，也能讓我們在行、住、坐、臥之間充滿喜樂。這就是「正念的奇蹟」。

一行禪師（Thich Nhat Hanh）在一九九五年春天到台灣弘法，我有幸親炙他的法教，他教導我們先要如何掌握自己的呼吸，把它運用在行、住、坐、臥之間，讓日常生活與修行融合為一。透過觀照呼吸，提起我們的覺性，在一動一靜之間都能念念分明。更深入的可以透過覺性的增強，觀照到覺受、心念乃至於諸法，進入「四念處」——觀身不淨、觀受是苦、觀心無常、觀法無我，通達人生與宇宙的實相。

佛陀在涅槃之前，弟子奔走呼號，最後阿難尊者收起眼淚，代替大眾問法：「佛陀入滅後，我們將以何為師？」佛陀說：「以戒為師。」阿難又問：「佛陀入滅後，我們將依何而住？」佛陀說：「依四念處而住。」可以知道「四念處」在佛陀心目中的重要性。南傳佛教幾乎是以「四念處」作為修行的法要。

佛陀在《大念處經》的開場白即說：

> 比丘們！只有一條道路可以使眾生清淨，克服愁嘆，滅除苦憂，獲得正道，體證涅槃，這條道路就是四念處。

依「入出息念」修習「四念處」，能具足四禪八定住，也

能具足慈、悲、喜、捨住，可得六種神通力，證阿羅漢果。
這雖然是簡單的方法，也是通達究竟的方法。

簡單卻究竟的方法

一行禪師以他最單純的心境，將「觀呼吸」與「四念處」的法義，透過簡潔易懂的文字，讓我們能在日常生活運用自如。如果我們懂得在每個當下提起正念、念念分明，就不會有煩惱，且能安住於當下，內心流洩出平靜的自在與喜樂。

很多人將修行和生活分開，修行時坐在靜室裡，不讓旁人打擾，生活時又攪在煩惱痛苦之中，如此硬生生地將修行和生活切成兩半，這是完全不懂得修行的法要。一行禪師明白地告訴我們，生命只在念念分明的此時此刻，心念若離開當下，就是拖死屍的人；離開覺性，也等於是夢中人。

在本書中，一行禪師不厭其煩地教導我們在行、住、坐、臥間禪修的方法，如何從觀照一草一木中回到當下，以及如何在喝茶洗碗間提起覺性，如果能深化這樣的修行，在每個當下具足正念，這就是大珠和尚「吃飯時吃飯，睡覺時睡覺」的境界了。願有緣讀到此書者，能活在當下、身心自在。

（本文作者現為《中時晚報》執行副總編輯）

▌英譯序 |摩比・侯（Mobbi Ho）|
這本書本身就是奇蹟

《正念的奇蹟》（The Miracle of Mindfulness）原是一封以越南文寫給廣兄（Brother Quang）的長信，廣兄是一位一九七四年在南越的社會服務青年學校的主要成員。

「入世佛教」的精神

一行禪師在一九六○年代推動「入世佛教」（Engaged Buddhism）①，創設這間學校，引導年輕人以慈悲精神投身社會運動。畢業後，學生運用所受的訓練，幫助在戰亂中被俘虜的農民。他們幫忙重建遭轟炸的村莊，教導孩童，設立醫藥站，還組織農業合作社。

在戰爭引起的恐懼與不信任的氣氛中，這些工作者的調停方式常遭到誤解。他們認為兩邊都僅呈現單面真相，而不願支持任何一個武裝政黨；他們相信真正的敵人不是人，而是意識型態、憎恨與無知。但這樣的立場，威脅到那些捲入這場混戰的人。因此，在青年學校設立之初，學生遭到一連串攻擊，還有數人被綁架、謀殺，戰爭不斷拖延，即使在一九

七三年越南和平協定 [2] 簽訂後也未曾改變。

不因困頓和苦厄而屈服，有時似乎是不可能的。以愛與寬容的精神工作，確實需要很大的勇氣。

再困厄也要保持正念

一行禪師從越南被放逐、停留於法國這段期間，寫信給廣兄，好在這黑暗時期鼓勵他們。一行禪師希望能提醒他們那最基本的守則：即使在最困苦的時候，也要隨順自己的呼吸，來培育並維持平靜的正念。由於廣兄和學生們既是他的同僚也是他的朋友，這封最後成了《正念的奇蹟》一書的長信，顯得私密而直接。當一行禪師說到村落小徑時，他說的是他和廣兄共同走過的那條小徑；當他提到孩子明亮的眼眸時，他說的是廣兄的孩子。

老師寫這封信時，我正以美國志工的身分，與越南佛教和平代表團一起待在巴黎。代表團由老師領導，可說是越南佛教徒對和平與重建之努力（包括社會服務青年學校）的海外聯絡工作處。我記得那些深夜，在喝茶後，老師對代表團成員和一些密友解釋信中的篇章。那時，我們很自然地會想到，其他國家的人們，也可能從這本書所描述的修習中獲益。

老師那時與泰國的年輕僧侶漸漸熟悉起來，他們也深受越南「入世佛教」的見證鼓舞。他們很希望以覺知與調停的精

神行動，以避免泰國發生武裝衝突，並且想知道如何才能不被憤怒與氣餒擊倒。他們之中有幾人會說英文，我們因而討論起翻譯廣兄這封書信的事。翻譯這想法說來其實觸痛我們的傷處，由於在越南的佛教出版室已被沒收，因此無法在越南將這封信印成一本小書。

我很高興地接下英譯這本書的任務。最近三年來，我都和越南佛教和平代表團在一起，日夜沉浸於越南語的韻律中。一行禪師已成了我「正式的」越南語老師；我們逐字逐句、緩慢地讀完了他較早的著作，我還因此知道了許多不常見的越南佛教詞彙。當然，老師在那三年教我的，遠遠超過語言這件事。他的存在本身，即能恆久而溫柔地提醒我們重返真我，並保持正念分明而達致覺悟。

連結世上眾生的媒介

當我著手翻譯時，我記起自己過去長養正念修持的歲月片段。有一次，我正手忙腳亂地炒菜，偏偏又找不著一只原本放在胡亂堆疊的鍋子與材料間的湯匙，在我忙著四處搜尋時，老師走進廚房，笑了。他問：「摩比在找什麼？」理所當然地，我回答：「湯匙！我在找湯匙！」老師再次帶著微笑，回答道：「不，摩比在找摩比！」

老師建議我緩慢且穩定地翻譯，好維持正念。我一天只翻

譯兩頁。在夜間，老師和我仔細檢視文頁，修改並校正字彙和文句。其他朋友則提供編輯協助。很難確切描述翻譯老師所言的經驗，但我對筆和紙的感覺的覺察、對己身姿勢和呼吸的覺察，使我能儘可能清楚透徹地洞悉正念，那正是老師寫下每一字時所懷抱著的。

當我注意我的呼吸時，我能看到廣兄和社會服務青年學校的工作者。更甚地，我開始看到每一字、每一句，對任何讀者都展現出同樣的私密與直接坦率，因為它們都是在正念中寫就，且充滿鍾愛地提到那些確實存在的人物。當我繼續翻譯，我看到愈來愈多的社群——學校的工作者、年輕的泰國僧侶，還有世上許多的朋友。

翻譯、打字完成後，老師用塞在代表團盥洗室的小型膠印機印了一百份。在信封上正念分明地寫下多國朋友的姓名地址，對代表團的成員來說，真是件快樂的工作。

從那時起，《正念的奇蹟》就像池上漣漪，愈擴愈遠。它已經被譯成數種語言，在世界各地印刷銷售。身為譯者的喜悅之一，乃是聽到許多人都發現了這本書。有一次，我在書店遇到一個人，他提到有個學生帶了這本書給在蘇聯③的朋友。最近，我遇到一位正處於遭受祖國驅逐之險境的伊拉克學生，在伊拉克，他因為拒絕加入他認為是殘酷無意義的戰爭，而面臨死亡威脅。他和他母親都讀了《正念的奇蹟》，正在修習觀呼吸。我還知道，葡語版正用來幫助巴西的貧

童。囚犯、難民、醫護人員、教育人員與藝術家，都曾因這本小書感動過。我常覺得《正念的奇蹟》本身就是個奇蹟，是繼續連結世上眾生的媒介。

清楚而簡明的修持方法

本書所描述的佛教傳統是越南佛教，也就是融合上座部 ④ 與大乘佛教 ⑤ 所形成的獨特傳統，美國佛教徒對此印象深刻。以一本講述佛法的書來看，《正念的奇蹟》的特別之處在於：清楚而簡明地強調基本修持方法，讓所有讀者都能立即開始練習。然而，本書所關注的對象不只限於佛教徒，而是為了庇護所有不同宗教傳統的人。畢竟，呼吸這件事很難只歸屬於某個教派傳統。

喜歡本書的人，大概也會對一行禪師的其他作品感興趣。他的越南文作品，包括了短篇故事、小說、散文、佛教歷史性論述及詩，可說著作等身。部分早期作品的英文版已絕版，但近作如《行禪指南》（A Guide to Walking Meditation）、《活得安詳》（Being Peace）及《太陽，我的心》（The Sun My Heart）（編按：中譯本為《觀照的奇蹟》，橡樹林出版）都還找得到。

由於返回越南一事遭拒，今年一行禪師大都待在梅村這個他在法國設立的社區。那裡，在《正念的奇蹟》多年前的原稿收信人廣兄指導下，社區成員植了數百棵梅樹。賣梅子的

收入，都拿來幫助越南飢餓的孩童。此外，梅村每年夏天都開放給來自世界各地的訪客，進行一個月的正念與禪修修習。近年來，一行禪師也都每年定期訪問美國和加拿大，指導由佛教和平聯會組織的一週禪修會。

　　我要特別感謝貝肯出版社（Beacon Press）有慧見地出版新版的《正念的奇蹟》。我希望本書所接觸到的每一位新讀者，都能感受到這本書是特別為他所寫的，就像廣兄和社會服務青年學校的工作者所感受到的一樣。

一九八七年七月

譯註

①入世佛教（Engaged Buddhism）：一行禪師在1964年出版的《入世佛教》（Engaged Buddhism）一書中，提出如何將佛教的理想，應用於改善在刀兵之災以及不公不義情況下的生活，因此，他在西方有「入世佛教之父」之稱。其實「入世佛教」的理念源遠流長，早見於十九世紀末，越南僧侶反抗法國殖民統治。而一九三〇年代，中國太虛大師提倡的「人間佛教」，主張將佛法落實於日常生活中，也促成了越南佛教的中興運動。但「入世佛教」風行歐美，實為一行禪師提倡之功。

②1973年北越的黎德壽（Le Duc Tho）和美國季辛吉簽訂停火協定，兩人因此同獲諾貝爾和平獎。但一年半後的1975年，越南卻淪陷。

③此處是指前蘇聯。1991年，前蘇聯解體，三個原加盟共和國獨立，十二個加盟共和國組織新聯邦體制，合稱「獨立國家國協」。

④上座部：巴利語系的佛教，現在主要分布在斯里蘭卡、泰國和緬甸等國。據北傳佛典所載，佛入滅百餘年後，大天等進步派之比丘倡導五條教義，保守派起而反對，教團因此分裂為上座、大眾二部。但據南傳佛典所載，最初分裂乃因對有關戒律十事的見解不同而引起，上座部堅持維持佛陀時代的戒律傳統。

⑤大乘佛教：佛教的兩個主要傳統之一，約於西元一世紀產生。根據漢譯佛經的資料顯示，最初可能流傳於中亞細亞，東漢末年傳入中國。主要流行地區有：中國內地、西藏、蒙古、日本、韓國。相較於傳統佛教的「小乘佛教」，大乘佛教對佛陀及其教義採比較開明和創新的解釋，能度化更多眾生，所以稱為「大乘」。

一行禪師 以慈悲之眼觀照

一九六八年，我和一行禪師跟著「和平聯誼會」（Fellowship of Reconciliation）① 旅行，我們沿途與教會、學生團體、參議員、新聞記者、教授、企業人士和一些詩人會談。這位穿著棕色僧袍的越南僧侶（看起來比多年前四十多歲的他還要年輕），幾乎在每個地方都很快就讓所有見到他的人信服。

感召人以不同的角度看待越戰

一行禪師的溫文儒雅和明智聰慧，幾乎讓每個遇到他的人，都拋棄了「越南人該像什麼樣子」的刻板印象。他所說的故事、所做的開示，滿溢著越南人和佛教徒浩瀚的寶藏。他對基督教的興趣，甚至懷有宗教熱忱，感召了基督教徒，也開始包容一行禪師所代表的佛教傳統。

他促使數以千計的美國人以不同角度看待越戰，透過在竹林樹叢環繞的傳統農莊中耕作維生並撫育子孫的農民的眼睛來看這場戰爭。當他描述村中風箏工匠的手藝，以及這些看似脆弱的飛船，一旦直上雲霄就能迎風呼嘯時，成人心中隱

藏的孩童莫不被喚醒。

　　只要和他在一起一個小時，人們莫不震懾於越南的美，並對美國介入越南人民在政治和文化的苦難一事，充滿憤怒。人們將不再對戰爭兩造中任何一方的意識型態死忠擁護，對戰爭的種種感到恐懼，因為戰爭帶來的是：轟炸機掃過天際；房屋和人們被燒成灰燼；孩子們得獨自面對父母祖輩的疼愛永遠缺席的生命。

以慈愛來克服瞋恨的可能性

　　然而，有個晚上，一個美國人不但無法理解一行禪師的震耳明鐘，還因而燃起巨大怒火。當時一行禪師正在美國聖路易郊區，一座華貴的基督教教堂演講，像往常一樣，他強調美國人必須停止在越南的轟炸和殺戮。一個高大的男士站起來，苛刻地嘲諷道：「這位一行先生所認為的慈悲……」，他的話引發了一連串的質疑和答覆。

　　「一行先生！如果你這麼關心你的同胞，你為什麼在這兒？如果你這麼關心那些受傷的人，你為什麼不把時間花在他們身上？」在提筆的此刻，回憶起當時，那位男士讓我不知所措的盛怒，都還壓過我對他話語的記憶。

　　當那位男士說完之後，我困惑地看向一行禪師，心想他或其他人會說些什麼？剎那間，戰爭的幽靈充滿室內，令人透

不過氣來。

滿室靜寂。然後，一行禪師開始說話了，他那種極具穿透力的安詳寧謐，明顯地懷著對那剛剛才咒罵他的男人的觀照，他的話就如大火中的甘霖。

「如果你希望樹生長，」他說，「把水澆在葉子上是徒勞無功的，你必須灌溉的是樹根，而這場戰爭的大多數根源都在這兒──你的國家。要幫助那些被轟炸的人，要試著保護他們不再受苦，我必須來這兒。」

室內的氣氛改變了。在這男子的怒焰中，我們經驗了自己的憤怒；我們是透過一個被轟炸的半島來看這世界的。

然而，在一行禪師的答覆中，我們經驗了另一種可能性：以慈愛來克服瞋恨的可能性（由一個佛教徒帶給我們這些基督徒；由一個美國人的「敵人」，帶給我們這些美國人），中斷人類歷史上似乎永無止境的暴力連鎖反應的可能性。

呼吸與回應事物之間的關連

但在回應這位男子的怒火之後，一行禪師對主席低聲說了些什麼，就快步地離開講廳。我覺得有些不對勁，就跟著他走出去。那一夜冷冽清朗，一行禪師站在教堂停車場旁的人行道，就快喘不過氣來──就如一個潛入深水，而無法浮到水面上換氣的人。過了幾分鐘後，我才敢問他怎麼了，究竟

發生了什麼事。

　　一行禪師解釋說，那位男士的說法讓他極度心煩意亂。他也想以憤怒反擊，所以必須儘可能緩緩地深吸一口氣，好讓自己冷靜下來，好包容地回應。但那口呼吸太緩也太深了。

　　「為什麼你不對他生氣？」我問。「就算是反戰人士也有權利生氣。」

　　「假如這只是我個人的事，我是可以生氣。但我在這裡是為了越南農民講話，我必須讓這裡的人看到我們怎樣做才好。」

　　那是我生命中的一個重要時刻，一個從那時起讓我一次次反覆思索的時刻。我第一次了解到人的呼吸方式，以及他對周遭世界的回應方式之間，有著某種關連。

推動「入世佛教」

　　直到最近，一行禪師才試著教導西方人禪修的方法，也就是他通常稱之為「正念」②的方法。這還只是去年的事，先是在巴黎與一些西方朋友幫助越南佛教和平代表團時，以及稍後與某個城市的社團，在當地的基督教貴格會③國際中心，才開始教授禪修方法。現在他終於寫下這個禪修主題的小書《正念的奇蹟》──一本用來禪修的手冊。

　　一行禪師是位詩人、禪師，也是和平聯誼會的聯合主席。在越南，他積極參與推動「入世佛教」，這是一個根植於慈

悲與服務且意義深遠的宗教改革，規畫過無數幫助戰爭受難者，並以非暴力反戰的計畫。為了這個工作，數千佛教徒包括尼師、比丘與在家居士，因而被射殺或囚禁。

他在越南的工作，催生了社會服務青年學校、梵行佛教大學（Van Hanh Buddhist University）、一座非暴力運動初期基地的小寺院、一份反戰的地下刊物（由同伴高玉芳〔Cao Ngoc Phuong〕主辦），以及致力文化宗教改革的主要媒介——錦囊出版社（La Boi Press）。

他的詩成為許多當代越南最受歡迎的歌曲的歌詞，都是在悲傷中仍然吟詠希望的歌。

即使在被放逐時，他也在海外代表越南佛教寺廟聯合會（Unified Buddhist Church of Vietnam），繼續做為非暴力與支持越南停戰的一股力量，並統籌來自其他國家的支持援助。（他與馬丁‧路德‧金恩〔Martin Luther King〕的友誼，是金恩博士決定不理同僚與支持者反對「混淆黑人民權和反越戰訴求議題」的建議，並加入反對越戰的因素之一。就在金恩博士遇刺之前，他提名一行禪師為諾貝爾和平獎候選人。）

他的書在越南境外出版的只有少數幾本 [4]：《火海之蓮》（Lotus in a Sea of Fire）、《越南的吶喊》（The Cry of Vietnam）、《步步安樂行》（Peace is Every Step: The Path Of Mindfulness in Everyday Life）、《禪之心鑰》（Zen Keys）與《渡筏非彼岸》（The Raft Is Not the Shore）。

禪修必須納入和平運動之中

在越南佛教和平代表團在巴黎的處所，我與一行禪師和他的同伴談到，這麼多美國和平運動中，都缺少禪修這個面向。

禪修面向的缺席解釋了為什麼這麼多「和平」運動（或最好稱為「美國撤軍運動」），都對佛教徒非暴力的反戰活動興趣缺缺。手無寸鐵的佛教徒，並不真正被看做「政治性的」，而僅僅被視為宗教運動：是很值得敬佩，相較於其他宗教運動，也可說相當勇敢，但究竟只是不重要的邊緣運動。

美國和平運動者可從越南弟兄身上學到的是，和平運動必須納入更多的禪修面向，否則我們對真實的感知（以及進一步得以幫助人們理解事件，並改變事情的能力）將會嚴重偏差。不管我們的宗教或非宗教的背景為何，或說何種語言，我們都會忽略一些事，而這些事卻像呼吸一樣，對我們的生活和工作都極為關鍵重要。

呼吸是禪修和祈禱的關鍵

呼吸，簡單如專注呼吸之事，是禪修和祈禱的關鍵，但對許多人來說，就像個驚人的訊息。它就像是懸疑小說家，將鑽石藏在金魚缸裡的點子一樣，因為太明顯，以致無人注意

到它。但是自從這個訊息成功地超越了我個人的懷疑主張，我就從此確信不移了，而之所以能如此確信，主要是根據我的經驗。

禪修的問題與生活非常密切，誠如一行禪師所指出的，禪修的機會處處都是：在浴缸裡、在廚房水槽、在砧板上、在人行道或小徑上、在上下樓的階梯上、在示威抗議隊伍中、在打字機前⋯⋯可說是無所不在。有寂靜無聲的時刻、地點，當然是最好、最有益的，但那並非不可或缺。

禪修生活無須像待在溫室中一樣隱居。（它確實需要一些特定的時刻，甚至得是一星期中的某一天，好在特別的關注培育下，變得更正念分明。基督教徒和猶太教徒對這樣的安息日⑤應不陌生。）

對懷疑論者來說，一行禪師的建議可能相當荒謬且不可行，只不過是歷史終結時的一個爛笑話，是鬼扯「神祕學」這副舊牌所洗出的最後一次牌。但和平主義者選擇在這殘酷的世界繼續養成生命，並「手無寸鐵地（非暴力）」過活的這種信念，不也讓許多人震驚，那種荒謬不可行感，並不亞於一行禪師的主張。

禪修的方法，只是將「解除個人武裝」這個我們已跨出的一大步踩得更深一點──不僅在面對政府、團體及解放軍時，堅持非暴力，更要以非暴力面對真實本身。

一行禪師曾在別處提及，了解一個簡單真理的方法：「缺乏慈悲的人，看不見那些須以慈悲之眼觀看的事物。」

那更爲澄澈無礙的眼界，區別了「絕望」與「希望」之間那微小但關鍵的差異。

寫於一九七六年

譯註

①「和平聯誼會」（Fellowship of Reconciliation, 簡稱 F.O.R）：成立於 1914 年，是一個歷史悠久的國際和平組織，致力於提升非暴力，以解決戰爭或衝突。成員包括猶太教徒、基督教徒、佛教徒、回教徒和其他教派的信徒。一行禪師受該會邀請訪問美國，向美國人民講述沉默的越南下層人民在戰爭中所受的痛苦，以及他們的和平願望。在此期間，他曾會晤數百個團體組織和個人，其中包括美國國防部長麥克納馬拉（McNamara）、小馬丁‧路德‧金恩博士（Dr. Martin Luther King, Jr.）、多瑪斯‧牟敦（Thomas Merton）等知名人士。

②正念：心於當下能清楚地覺知所緣的對象，念念分明而不散逸。以「入出息念」的禪修法爲例，即是將心專注於呼吸，覺知呼吸的長短、進出，以進入禪定。

③貴格會（Quaker）：又稱「公誼會」，基督教新教的一個派別。十七世紀中葉興起於英格蘭和美洲殖民地。該教派主張不依靠信經、神職人員和其他教會組織形式，而直接在內心認識上帝，代表十七世紀英格蘭清教派運動的極左翼。其創立者福克斯（George Fox, 1624-1691）強調三點教義：（一）人可以直接獲得基督的教誨和引導；（二）無須特別設立建築物和專職教牧人員；（三）人們應將基督的教導運用於全部人生。

④這是一九七六年的狀況，現在一行禪師的英文出版品數量頗豐，中文出版品也將陸續出版。

⑤安息日：猶太教徒或一些基督教派認爲星期六，也就是一週的第七日爲安息日，除禮拜外，不做一事；但大多數的基督教徒把一週的第一天，也就是星期日做爲安息日。

▋導論 | 釋自鼐 |
持續靈光一閃的頓悟

在生活中保持正念

　　一個午後，微風輕柔地從臨時搭架的棚帳吹進如來禪院的廚房，我決定問這裡的越南禪修者——琳靜，一個幾年來一直縈繞在心裡、感觸頗深的問題：「是什麼支持你能持續地來這個禪院煮飯，提供餐飲給這些參加每兩週一次禪修的人們呢？」

　　「你是第二位問我這個問題的人。」她從容地回答：「這個越南禪院在加州剛成立時，大家輪流煮。後來我發現有些人因負責廚房而感到干擾禪修；或者藉著幫忙廚房的工作，而不去禪堂。發現這些情形後，我便決定由我固定負責廚房，讓每個人都可以專心禪修。」

　　沉吟了一會兒，她平靜地繼續說：「雖然我因為負責廚房，禪修的時間比別人少。但每次我煮完後，常常內心充滿『喜』，所以當我進禪堂打坐時，便很容易地進入，而能保持正念及專注。」

　　我內心不禁為之一震；我相信這是她多年來既深入地了解

佛法，又活用到實際生活中的結果。同時內心有很深的感動：在她那不帶一點自我色彩的描述中，我知道這是因為她精確地掌握了培養禪修的要素。更重要的是，我也觀察到她不是只有在禪堂禪修，當她在廚房煮飯的時候，總是安詳保持正念地在做事。

療癒與依歸的路徑——「正念禪」

結束和琳靜的對談後，我在心中告訴自己，要把她的故事帶回台灣。她的體驗釐清一個「入世佛教」的課題：入世人間服務和出世解脫煩惱如何不衝突？從琳靜的經驗中我學到的是：她將服務奉獻的歷程，視為增益個人的禪修，入世與解脫相輔相成，是一體的兩面。

這樣的課題，在中國禪門的訓誨及高僧傳記已有許多解釋及例證。然而，在當代佛教，能充分地揭示如何以禪修，運用在日常生活及社會服務的理論架構及實踐步驟並不多見。

越南籍的一行禪師以「正念禪」，提供越戰中、戰後受難者及參戰國家人民一個療癒與依歸的途徑。他所帶領的「入世佛教」，基本上是來自他一向的悲願：讓現代人能在今世便得到佛法的利益——現世法樂，讓一個社會能因更多人修持「正念禪」，而共同建設一個和平的社群。

基於這個願景，他對佛法的詮釋便不侷限在一個傳統、一

個門戶，而是以他個人的體證為基礎，糅合了南北傳禪法，並以詩意的描述方式，引導他人如何歡喜地直接進入修持為目標。

隨時、隨處都可禪修

這本在一九七五年出版、由一行禪師所著作的《正念的奇蹟》，原是一封在越戰期間，寫給社會服務青年學校廣兄的信函。這封信旨在提供收信的人，如何將一行禪師的教法應用在自己的處境中。它並不完全是教導，而是一種經驗的分享，分享一行禪師如何將這些方法，應用在他所領導的社區之中。

因此，在他的字裡行間，學派傳統不被提及，有的只是經典名稱，也沒有太多的佛學專有術語。讓人讀來貼切感動的，是他溫厚直接的觀察，沒有價值判斷和道德訓示，而是對現象的可改進處提供一套細膩貼切的方法。

這種禪風呼應出嚴峻禪門中的溫厚慈悲，卻又沒有落入任何形式。相反地，修行是每個人的日常生活：洗碗、喝茶、走路、陪太太孩子及和別人談話。禪修可以無所不在，出禪堂、下坐後，正是用功的好時機。藉由正念禪，日常生活的點滴不再是瑣碎無意義的細節枝末，而是通往「奇蹟」的入手處。

閱讀《正念的奇蹟》

　　這本書是一行法師的早期著作，文末附加上兩篇初期佛教有關禪修方面的經典《入出息念經》和《大念處經》，以及三篇大乘佛教的經典——《學處集要》、《維摩詰所說經》和《心經》。這些經文的附加並非隨性的安排，筆者認爲是一行禪師意圖整合初期與大乘佛教的禪法，可視爲是禪師「正念禪」的雛型。本書共分七章，以下是針對各章內容的分析性介紹。

▋觀察呼吸，培養醒覺的心

　　本書的開場，是藉由一行禪師和一位他的好友亞倫的家常對話展開。藉著這位年輕父親的體悟，一行禪師便埋下了兩個伏筆：

　　第一、解決生命的困頓是自「個人的日常生活」中學到的，不是從書本上。

　　第二、無限世界的切入，是來自專注地融入他者的世界；因而能消融他人和自己世界之間的界線。既能清楚地付出，同時又能超越「給予這件事」、「能給的這個人」及「受惠的人」。

上述兩點，是亞倫在現實婚姻生活的困頓中，所頓悟的一個解答。

第二章則是一行禪師對亞倫的頓悟做進一步的檢證：如果亞倫無法一直醒覺地記得理智上所認識到的「自他不二」的原則，則當亞倫的「自我」意識生起時，因「自我感」所產生的衝突及壓迫則仍會存在。

理智上的了解是概念的產物，它不等同已發生過的或正在發生的身心活動。如何不落入推理思辨的泥沼、又能在每個當下持續靈光一閃的頓悟，是一行禪師要立的論點；也是各個宗教精神修養傳統共同的技術問題。禪師所提供的方法是：從最初透過知覺、觀察呼吸，來培養時時刻刻醒覺的心。這時時刻刻醒覺的心，在最初階段是在培養「正念」，進階則是「觀智」。

「念」，是我們時時刻刻在運用的一個中性的心理活動。它基本上就像一棟大樓的守衛，他知道有人進來，但並不需要做更進一步的判斷、分析，或是交涉任何事情。如向智尊者（Nyanaponika Thera）❶ 所分析的，和情緒、意志、想像等心理活動相比，「念」在我們一串極快速的心理活動中，是十分不起眼，極微不足道。

但是，如果我們能讓這純粹覺知的「念」持續地工作：保持聽只是聽，看只是看，不對所知覺、所思考的對象做任何附加想像；由此，心便能漸漸地脫離一向的慣性反應模式。

就如同向智尊者所比喻的,「『念』最後顯現爲『阿基米德點❷』,在這支點上撬開了世間大量循環不已的『苦』的兩個停泊地——無明與渴愛。」❸但這是一個歷程,需有基礎,也就是專注平穩的心。時刻保持知覺,觀察呼吸的出入,是最容易入手的方法。

呼吸和生理及心理的活動息息相關,從呼吸的粗細、急緩也可反呈心理的狀況。藉由不同的方法,讓心能夠單純地觀察呼吸,進而開發心的洞察力。這是釋迦牟尼佛所發展出來的一套系統方法。

《入出息念經》(Ānāpānasati Sutra)是一部完整地介紹從最初觀察呼吸的出入,到徹底開悟的佛經。ānāpānasati 的意譯是「正念呼吸」❹,是以呼吸做爲心可以時時刻刻回歸的依靠。就如一頭牛被大繩繫綁在大柱子上:時刻警覺的心就如大繩,將心安住在呼吸的大柱子。

▌每個生活細節,都能修持正念

從培養全然地專注呼吸到開悟共有十六種方法,再依照身體、感受、心與法分成四組。❺第二、三章內容主要是根據第一組的禪修法,但一行禪師也加入個人體證所發展的方法,循序漸進地介紹以觀呼吸來培養「正念」。

然而,伴隨著要透過「文字概念」傳達「非概念」的意旨

時，禪師自己也落入文字概念的範疇，任何他所要教導的內容都有可能只是概念，並不一定能引導讀者進入直接禪修的操練。

為避免因使用文字，而導致讀者只侷限在文字層次，一行禪師大量使用如詩般的情境描述法，以避開傳統註釋書的分析法，或依經文逐字解釋可能帶來的障礙，也就是只停留在閱讀文字的階段（所謂「聞」的階段），不懂實際操練（「修」的階段）。

一行禪師發展出如詩般的禪修的「操作」語法，使閱讀文章的讀者，可以跟隨著他的文字去練習。禪師不落入「文字障」的堅持，在生活中持續地以呼吸來保持正念。將每個生活細節瑣碎的工作，都視為是通往修練正念的場所。因為透過全然專注，當下生命的尊嚴、不可取代的神奇便在其中。

■ 放鬆身體，單純地觀照覺受、情緒

進入第四章，正念的觀照包括更細微的對象：覺受及心念。一行禪師並未分別地探討兩者修法的不同，便將兩者歸屬「心念處」的修法 ❻。他所著重的是如何「歇心」：藉著身體的放鬆，單純地觀看各種覺受、情緒、想法；讓心平靜地觀照心，猶如在橋上看橋下的流水般地看。持續不斷直接且持續地觀察心，漸漸地從見自心到見自性。到達見性的境

界，則是主、客消融，真、妄一如。

為說明兩者境界的不同，一行禪師引用兩個明喻：猴子及影子，來顯示初階修練以心觀心時，此時心仍需要刻意地去觀心。「一旦心能直接且持續地覺知它自己」，「心念處」的功夫便進入另一階段的境界：「並沒有兩顆心」，不會落入自我中心所建構的對立分別的世界，也不會「被孤立個體這樣的虛妄分別所分割。」

這簡要的說明，有助於我們了解如何契入「一味」、「不二」的境界：是透過持續地「觀心」所體會的悟境，而非經由解釋或想像的概念產物。

▌體認「因緣觀」，而能同體大悲

延續第四章觀察自己的心念及心性的基礎，第五章則是教導讀者進一步觀察心和心念的對象如何地相依相生：沒有一個認識對象和能認識的心是絕緣無關的。換言之，只要有認識的活動就有認知的對象。基於此「因緣觀」的體認，一行禪師明確地請讀者遠離哲學推理的思惟，而直接觀察自己的身心「五蘊（色、受、想、行、識）」❼。然而，一行禪師並未根據《大念處經》中「法念處」的五蘊觀的方法。此經主要以觀各個蘊的生滅，並非以無常、苦、無我等諸蘊的共同特性，做為觀照的對象。

從第五章開始，一行禪師所提出的觀法很明顯地是更接近《般若波羅密多心經》的空觀世界：一個不落入以語言、概念所界定的二元世界；一個經持續不斷地觀察心念純熟後，所乍現的世界。

因此，切入直觀世界的途徑是有其步驟，首先從觀察個人的心念，接著是個人身心和外在宇宙的相依關係開始觀照，直到能觀到：「你的生命和宇宙的生命本為一個整體……，這個世界每一秒都在滋養著五蘊，自我就是五蘊的和合。」根植於此種體悟，方能透徹地了悟：生死是一體兩面，進而能活出同體大悲的精神。

▌洞察「不二」，摧破虛妄自我

第六章，為更清楚地證明因緣觀如何能引領入禪修者真實世界，一行禪師特別探討大乘唯識學中宇宙萬法的三種特性：遍計所執、依他起及圓成實。再次地，他強調由禪修的觀照切入依他起之本性，進而摧破一向被堅固地認為是具有實質的虛妄自我。

同時，為不執著這個立場的強調，他又以一個生活中的「不二」經驗，呈顯因果同時「不二」的洞察。當行文到如此深刻及高妙的境界，一行禪師趕緊在第七章引入一個宗教故事：一位禪修者無論志向、境界多高遠，都不忘照顧周圍的人。

此書中所描述的美妙超然的空性、「不二」的境界並不是一種想像，而是一行禪師為解決個人的痛苦，為高深的佛法能在現世中讓他人得到利益，所提出的禪法。一般初學者要在短期內僅僅靠讀書面的字，是無法馬上達到上述的意境。

我們如果沉靜地檢視一下自己活過的經驗，短期內要達到上述的意境，事實上也是需要不斷地練習。果真如此，此書的內容豈不成畫餅充飢？或只是一種禪詩意境的欣賞？更清楚地說是：要如何在日常生活中化平凡庸碌為神奇？難易與否就在讀者的切入角度。

筆者建議讀者把此書當成「心靈操練手冊」，把例子當成動畫示範，時時刻刻都拿來用，只因禪觀的修練就如練習任何一種技術；例如學開車，唯有透過實際地操作練習，神奇自然在心頭！

（本文作者為美國加州整合學院文學博士，現為香光尼眾佛學院講師）

註釋

❶向智尊者（Nyanaponika Thera, 1901-1994）：德籍斯里蘭卡高僧，是當代最重要的南傳上座部佛教詮釋者，被視為歐洲上座部的「精神顧問」。1958 年於斯里蘭卡創立「佛教出版社」（Buddhist Publication Society，簡稱 BPS）。一生從事巴利佛典、論書的編譯工作。著有《阿毘達磨研究》（Abhidhamma Studies）、《法見》（The Vision of Dhamma）、《佛教禪修心要》（The Heart of Buddhist Meditation）等書。其中《佛教禪修心要》一書，被公認為是英文佛書中說明四念處禪修法的經典論著。

❷阿基米德點（Archimedean point）：阿基米德曾說：「給我一個支點，我可以舉起整個地球。」原理來自於槓桿原理的力矩作用。

❸向智尊者，〈正念的力量──開啓解脫大門之鑰〉，《香光莊嚴》，第 68 期（民 90 年 12 月），頁 6-10。

❹ānāpānasati（正念呼吸）＝ āna（入息）＋ apāna（出息）＋sati（念）。

❺入出息念配合身、受、心、法四個念處，有十六個步驟的完整修法，開始時正念於呼吸長短、粗細（身念處），接著正念於各種感受（受念處）、心境（心念處），然後正念於無常、苦、無我等三相，見到有為法的過患，觀捨遣而入涅槃（法念處）。這是由止至觀的完整修學歷程。

❻心念處：四念處之一。禪修者將心安住於心，就自己內心的情況持續思惟觀察，觀察心是無常、苦、無我的，並無一個實體，而破除以心為「我」的妄見。

❼五蘊：「蘊」意指「積集」，五蘊即指構成人身、心的五種要素：（一）色蘊：「色」即物質，包括四大種即其所造色。（二）受蘊：「受」即感受，包括眼觸等所生的苦、樂、捨等感受。（三）想蘊：「想」即思想與概念，是通過眼觸等對周遭世界的辨識，包括記憶、想像等。（四）行蘊：「行」即意志的活動（心所法），包括一切善、惡的意志活動。（五）識蘊：「識」即認識判斷的作用，由六識辨別六根所對的境界。以上色蘊屬於色法，受、想、行、識四蘊則屬於心法。

第一章

日常生活中的正念

1 有了無限的時間

　　昨天，亞倫帶著他的兒子喬伊來拜訪我。喬伊長得真快！他已經七歲了，講得一口流利的英語跟法語，甚至夾雜著一些他從街上學來的俚語。

家庭生活輕鬆嗎？

　　在法國養育小孩的方式，和我們家鄉越南是非常不一樣的，在這裡，父母相信「自由對於孩子的發展是必要的」。

　　在我和亞倫談話的兩個小時裡，亞倫必須時時注意著喬伊。喬伊一下子嬉鬧、一下子喋喋不休，不時地打斷我們，叫我們無法好好地談話。我給了他幾本圖畫書，但他幾乎看都不看，就把書丟到一邊，然後繼續打岔。他要大人不時地關注他。

　　之後，喬伊穿上外套，跑出去和一個鄰居的小孩玩。我問亞倫：「你覺得家庭生活輕鬆嗎？」亞倫並未直接回答。他說，從兩個禮拜前鄂娜出生後，他就無法好好地睡上一覺。夜間，蘇因為自己太疲倦了，總會叫醒他，要他去確定鄂娜是不是還在呼吸。「我起床去看小嬰兒，然後再回去睡覺。這種情況，有時一個晚上會有兩、三次。」

　　「家庭生活會比當個單身漢來得輕鬆嗎？」我問。亞倫也

沒直接回答；但是我明白了。

我又問了另一個問題：「很多人說有個家庭比較不寂寞，而且會比較有安全感，真的是這樣嗎？」亞倫點點頭，輕聲地咕噥了些什麼；我了解他的意思。

不分割時間，便有無限時間

然後亞倫說：「我發現可以讓自己有更多時間的方法。以前，我都把時間分割成好幾個部分，一部分陪喬伊，一部分陪蘇，一部分給鄂娜，另一部分拿來做家務。剩下的時間是我自己的——我可以讀書、寫點東西、做些研究，或者去散散步。

「但是現在，我試著別再去分割時間了。

「我把跟喬伊和蘇在一起的時間，也當作我自己的時間，幫喬伊看他的家庭作業時，我想辦法把他的時間看作是我自己的時間；我和他一起做作業，感受他的存在，並且想辦法讓自己對我們在那段時間中所做的事情感興趣。我和蘇在一起的時候也是如此。結果，不可思議的是，現在我有了無限的時間給自己！」

亞倫微笑著說完這些話。我很驚訝，我知道這些不是亞倫從書上學來的，而是在日常生活中自己發現的。

2 洗碗就是洗碗

　　三十年前，我還是慈孝寺（Tu Hieu Pagoda）的沙彌，那時，洗碗可不是件愜意的工作。

煮飯、洗碗真是苦差事

　　在結夏安居 ① 時，所有比丘都回到了寺院，有時甚至有逾百位，而所有煮飯、洗碗的工作，全靠我們兩個沙彌。那兒沒有肥皂，只有草灰、稻殼、椰子殼，就只有這樣。

　　清洗堆積如山的碗盤可真是件苦差事，特別是冬天時，水凍得像冰一樣，你必須在洗碗前先熱好一大壺水。

　　如今，廚房都有洗潔精、專用的荣瓜布，甚至一開即來的熱水，洗碗變得輕鬆多了。現在人們比較可以享受洗碗這件事，任何人都可以很輕易地洗好碗盤，然後坐下來喝杯茶。我可以接受用洗衣機洗衣服——雖然我自己還是用手洗，但是用機器洗碗就有點過頭了！

全然覺知「正在洗碗」

　　洗碗時，就應該只是洗碗，也就是說，洗碗時，應該對「正在洗碗」這個事實，保持全然的覺知。

乍看之下，可能有點傻——為何要這麼強調如此簡單的事呢？但這正是關鍵的所在。

　「我正站在這裡洗這些碗盤」這件事實，是個不可思議的實相。當下的我，正是完完整整的我自己，隨著呼吸，覺察到自己的存在，覺察到自己的思想和動作。我不會像個被浪花左拍右擊的瓶子般，毫無覺知地被拋來拋去。

譯註

①結夏安居：僧眾在農曆四月十六日至七月十五日的三個月內結界安居，除非是為了父母、師長和三寶等事，否則都不得出界，以致力於修行，名為「結夏安居」。緣起是由於在佛世時，印度的雨季長達三個月，僧眾在山間、樹下修行，衣缽常為雨水所流失，且夏季期間地上多蟲蟻，僧眾們乞食不免踩傷蟲類。於是佛陀制定夏季三個月，僧眾在界內精進用功。

3 你手中的杯子

在美國，我有個叫做吉姆·佛斯特（Jim Forest）的密友，八年前我第一次碰見他時，他在天主教和平聯誼會（Catholic Peace Fellowship）工作。

為洗碗而洗碗

去年冬天，吉姆來拜訪我。我通常會用完晚餐先洗碗，再坐下來和大家喝杯茶。有一天晚上，吉姆說讓他來洗，我說：「好呀，但是如果你要洗碗，你就得知道洗碗的方法。」吉姆回答道：「少來了，你以為我不知道怎麼洗碗嗎？」

我回答：「洗碗的方式有兩種。第一種是為了把碗洗乾淨而洗碗，第二種是為了洗碗而洗碗。」吉姆很高興地說：「我選第二種——為了洗碗而洗碗。」從那時起，吉姆知道怎麼洗碗了。我把這個「責任」交給他整整一個星期。

覺知洗碗、喝茶，活在當下

如果在洗碗盤時，我們只想著接下來要喝的那杯茶，因此急急忙忙地把碗盤洗完，就好像它們很令人憎厭似的，那麼我們就不是「為了洗碗而洗碗」。進一步來說就是，洗碗時

我們根本沒有活在當下；我們站在水槽前，完全不能體會生命的奇蹟。

如果我們不懂得洗碗，我們很可能也不懂得喝茶：在喝茶時，我們又只會想著別的事，而幾乎沒有覺知到自己手中的這杯茶。這樣，我們就是被未來給吸走了——無法實實在在地活著，甚至連一分鐘都不能。

4　吃橘子

　　我記得數年前，吉姆和我第一次一起到美國旅行時，我們坐在樹下分一顆橘子吃。

「吃」未來的計畫

　　他開始談論我們將來要做些什麼，只要我們談到一個吸引人或令人振奮的計畫，吉姆就深深陷在其中，以致於完全忘了他當下正在做的事。

　　他往嘴裡扔一瓣橘子，在還沒開始咀嚼前，就又準備往嘴裡扔進另外一瓣。他幾乎未覺知自己正在吃橘子，我還得告訴他：「你應該先把已含在嘴裡的那瓣橘子吃了。」吉姆這才驚覺到自己正在做什麼。

　　這就好像他根本沒在吃橘子。如果說他吃下了什麼，那麼他是在「吃」他未來的計畫。

與橘子合而為一

　　一顆橘子有很多瓣，如果你懂得好好地吃一瓣，你大概就懂得吃顆完整的橘子。但是如果你連一瓣橘子都不會吃，那麼你根本就不會吃橘子。吉姆明瞭了，他慢慢地垂下頭，專

注地吃那片已經在他嘴裡的橘子。他仔仔細細地咀嚼它之後，才伸手拿另一瓣。

　　之後，吉姆因為反戰活動而入獄，我很擔心他能不能忍受監獄那四面牆的囚禁，我寫了封短信給他：「記得我們一起分享的橘子嗎？你在那裡的生活就像那顆橘子。吃了它，與它合而為一，不用擔心明天會怎麼樣。」

5 日常的叮嚀

三十多年前,我第一次踏入寺院時,法師給我一本寶華山讀體禪師 ① 寫的小書《毗尼日用切要》,叫我背起來。

看好自己的心

這本書很薄,不到四十頁,但含括了所有讀體禪師做任何事務時,用來喚醒自心覺知的所有思惟。

早上醒來時,他第一個念頭就是:

睡眠始寤,

當願眾生,

一切智覺,

周顧十方。

洗手時,他也這樣提醒自己保持正念:

以水盥掌,

當願眾生,

得清淨手,

受持佛法。

這本書全部是由這類句子所組成，用來幫助初學者看好自己的心。

覺察每件與我們有關的事物

讀體禪師用一種相對簡單的方式，幫助我們這些小沙彌修習《正念經》（The Sutra of Mindfulness）❶ 中所開示的事理。每當你穿衣、洗碗、上廁所、收起墊子、提水或刷牙時，都能依循書中的偈頌，來看好你自己的心。

《正念經》② 說：

> 行走時，修行者一定要覺知「我在行走」。坐著時，修行者一定要覺知「我正坐著」。躺著時，修行者一定要覺知「我正躺著」……不論身體是何種姿勢，修行者一定要覺知那姿勢。如此修習，修行者才能安住於身，觀照內身……

然而，僅僅對身體姿勢的保持正念是不夠的，我們必須覺察到每一次呼吸、每一瞬間的移動、每一絲念頭與感受，和每一件與我們有關的事物。

但是經文爲什麼要教導這些呢？何時是修習正念的時機？如果你整天都在修習正念，怎麼會有時間改變現狀，並且建立一個更理想的社會呢？亞倫要如何在工作、幫喬伊看作業、把鄂娜的尿布拿到洗衣機時，同時修習正念呢？

原註

❶在許多經典中，佛陀經常教導人要運用自己的呼吸，來達到禪定。而談到運用自己的呼吸以保持正念的經典，即是《入出息念經》（Ānāpānasati Sutra）。這部經典大約是在西元三世紀初，由一位中亞裔的越南禪師康僧會翻譯與註解（譯按：康僧會其祖世居新疆，其父後移居越南，故說他是中亞裔的越南禪師。他為這部經作序並註解，而譯者是安世高，於二世紀末譯出）。ānāpāna 意指「呼吸」，sati 意指「正念」，康僧會將之譯為「守意」，《入出息念經》即是運用個人的呼吸，以保持正念的經典。在《中部》（Majjhima NikAya）中，提到正念於呼吸的經典是第 118 經《入出息念經》，它教導運用呼吸的十六種方法。

譯註

①讀體禪師（1601-1679）：號「見月」，又稱「讀體律師」，是明末清初重興律宗的巨匠，世稱「見月律師」。他戒行精嚴，生平做事，力求依照律儀。任寶華山住持時，建立規制，革除弊端，使寶華山隆昌寺有「天下第一戒壇」的美稱。其所著的《傳戒正範》是近代三壇傳戒的典則。此外，還著有《毘尼止持會集》、《沙彌尼律儀要略》、《毘尼日用切要》（收入《卍續藏》第 106 冊）等，對近代律學的重興有重大影響。

② 依所提經文的內容來看，此經應為《大念處經》，請參見【附錄一】。

第二章

在大地上行走就是奇蹟

1 每一步都是無上驚奇

亞倫說，自從他把喬伊和蘇的時間當成是自己的，他就有了「無限的時間」，但是，他大概只是原則上擁有這個「無限的時間」。

在日常生活中開始修習正念

因為只要他在幫喬伊看作業時，忘了把喬伊的時間當成自己的，他就可能失去這些時間。在那些時候，亞倫可能會期望時間過得快一些，或由於時間不是他的，而覺得自己被耽誤，因此變得急躁而無耐心。

所以，如果亞倫真的想要有「無限的時間」，他就必須在與喬伊一起做作業時，對「這是我的時間」的這份認知保持警醒。但在這種時刻，一個人不可避免地會因其他事物而分心，所以如果想時時保持清楚的覺知（以下我將用「正念」來指稱「對當下的實相保持覺知」），就要立刻在日常生活中開始修習，而不只是在禪修時才練習。

當你在一條通往村落的小徑上行走時，你就可以修習正念。走在這條四周都是綠地的泥路上，如果你練習正念，你就能真正體驗這條小徑，這條引你往村落去的小徑。你得練習保持一個念頭：「我正走在這條通往村落的小徑上。」

一切盡是奇蹟

不管天氣是晴是雨，不管路徑是乾是濕，你都要一直保持這個思惟，但是別只是機械式地重複它，「機械性的思考」跟「正念」是對立的。如果我們真的抱持正念走這條通往村落的小徑，就會覺得每一步都是無上的驚奇，喜悅之情將令心靈如花朵般綻放，讓我們進入實相的世界。

我喜歡獨自漫步在鄉村小徑上，道路兩旁盡是稻作和野草。我在正念中踏出每一步，了知自己正走在這不可思議的大地上。在這樣的時刻，存在本身就是個奇蹟與不可思議的實相。一般說來，人們認為在水上或空中行走才叫「奇蹟」，但是我覺得真正的奇蹟，並非在水上或空中行走，而是在大地上行走。

每一天，我們都身處於自己甚至都未認知到的奇蹟中：藍天、白雲、綠樹、孩子充滿好奇的黑眼眸──那也是我們自己的雙眼。

所有的一切，盡是奇蹟。

2　靜坐

　　讀體禪師說過，一個人在禪坐時，應該坐得筆直，生起這樣的念頭：「正身端坐，如坐菩提座」。

坐在菩提座上

　　「菩提座」就是佛陀開悟時坐的地方。如果任何人都可以成佛，而「佛陀」指的就是所有那些已開悟的無數的人，那麼，肯定有許多佛曾坐過我現在正坐著的這個地方。如果坐在佛陀離苦得樂而證悟的地方，並且保持著正念，那就意味著成佛了。

　　越南詩人阮公著在某處靜坐時，就曾有此體驗；他突然了解，無數年前許多人就曾坐在現在他靜坐的位置，而未來也會有其他人來這兒靜坐：

　　　今日我坐處，

　　　過往他人亦靜坐。

　　　千年後，來者仍紛紛。

　　　究竟誰為歌者，誰為聽者？

　　他靜坐的位置和靜坐的那段時間，就成為通往永恆實相的

重要橋樑。

以正念召回渙散的心

　　但是，忙碌而多慮的人們，並無時間可以悠閒地生活，或在綠地小徑間行走，或在樹下靜坐。他們必須準備一套套的計畫，不斷地和身邊的人協商，試著解決無數危機。他們總有要事得做，必須處理種種困境，時時刻刻都專注於工作，分分秒秒保持警醒，且準備好掌握狀況，隨機應變。

　　你可能會問：「那我們要如何修習正念？」

　　我的答案是：時時刻刻都專注於工作，分分秒秒保持警醒，且準備好掌握各種可能會發生的狀況，隨機應變──這就是正念。

　　沒有理由將正念與「專注於手邊的工作，保持醒覺且做出最佳判斷」畫分開來。在協商、解決和處理各種狀況時，若要獲得好結果，冷靜的心和自我控制絕對是必要的。

　　任何人都知道，如果我們未能好好地控制自己，而讓急躁或憤怒干擾我們，我們的工作就不再有任何價值了。

　　正念是個奇蹟，藉由它，我們得以主宰自己、重建自我。

　　例如：一位魔術師將身體切成許多塊，並把它們放在不同的地方──手掌放南方，手臂放東方，腿放在北方，然而藉著某種魔力，他大聲一喝，身體各部分就重組歸位了。

正念就像這個魔術，是一個奇蹟，能在一瞬間召回渙散的心，並恢復重組成一整體，如此，我們就能過好生命中的每一分鐘。

3 看好呼吸

因此，正念既是方法，也是目的；既是「因」，也是
「果」。

以呼吸為工具，看好自心

當我們為了達致專注而修習正念，正念是「因」；但正念
本身就是覺知的生命：正念存在，意味著生命存在，因此正
念也是「果」。正念讓我們不再漫不經心與散亂，使人得以
充分地過好每一分鐘。正念讓我們能真正地活著。

呼吸能自然且極為有效地防止心散亂，因此你該知道如何
以呼吸來保持正念。呼吸是連結生命與意識的橋梁，能統合
你的身體和思緒。不論何時，只要你的心游離不定，都可以
拿呼吸當工具，重新看好你的心。

輕輕地深吸一口氣，且覺察你正在深呼吸的事實。

現在，吐出肺中所有的氣，整個呼氣的過程要保持覺知。

《正念經》① 教導我們以下面的方式看好呼吸：

吸氣時，覺知你在吸氣；呼氣時，覺知你在呼氣。

深深地吸進一口氣時，你知道：「我正深深地吸進一口
氣」。

深深地呼出一口氣時，你知道：「我正深深地呼出一口氣」。

淺淺地吸進一口氣時，你知道：「我正淺淺地吸進一口氣」。

淺淺地呼出一口氣時，你知道：「我正淺淺地呼出一口氣」。

「吸氣，了了分明地覺知整個呼吸」，你就這樣訓練自己。

「呼氣，了了分明地覺知整個呼吸」，你就這樣訓練自己。

「吸氣，讓整個呼吸平靜下來」，你就這樣訓練自己。

「呼氣，讓整個呼吸平靜下來」，你就這樣訓練自己。

在佛教寺院中，人人都學著以呼吸爲工具，來克服心的散亂，並且藉此增強定力。定力能助人開悟，而這種力量正是藉由修習正念而來。所以，當一個人能看好自己的呼吸時，他就已經開悟了。爲了維持長時間的正念，我們必須不間斷地注意自己的呼吸。

在嘈雜中修習正念，才是真正的考驗

這兒正值秋天，金黃色的葉子逐一飄落，眞是美極了。在林間散步十分鐘，注意呼吸並保持正念，就覺得神清氣爽、

煥然一新。

如此，我可以真正地跟每一片葉子交流。

當然，獨自走在鄉間小徑上，比較容易保持正念。假如你身邊有個朋友，他不忙著嘰嘰喳喳，也正在注意他自己的呼吸，那麼你就能毫無困難地繼續維持正念。但是要是你身邊的朋友嘮嘮叨叨，你要維持正念就沒那麼簡單了。

如果你心中想著：「希望這傢伙閉上嘴，這樣我才可以專心。」這時你就已經失去正念了。

但如果你想的是：「要是他想談天，我會回答，但是我會繼續保持正念，覺知我們正一起在小徑上行走的事實，覺知我們所說的話，這樣我還是能繼續注意呼吸。」

如果你能有這樣的念頭，你就能繼續保持正念。這種情況比你獨處時要難修習；但是如果你能繼續修習，就能發展出維持更深定力的能力。

有句越南民謠這麼唱：「最難莫過於在家修道，其次是在人群中，再來是在寺塔裡。」只有在繁忙嘈雜且費神費力的情況下，修習正念才真的是一種考驗！

譯註
①依所提經文的內容來看，此經應為《入出息念經》，請參見【附錄二】。

4 數呼吸與隨順呼吸

在最近為非越南人開的禪修課上，我會建議各種自己用過的方法，這些方法都相當簡單。我建議初學者一種「隨息（隨順呼吸）」的方法。

躺著練習呼吸

學生背貼著地板躺著，然後我請所有上課的同修圍過來，好給他們解說一些簡單的要點：

一、雖然吸氣與呼氣都靠肺運作，而且範圍都在胸腔內，但胃在此也扮演一角。肺充氣時，胃會鼓起。剛開始呼吸時，胃會開始向上鼓起；但是呼氣進行到三分之二時，胃又會開始縮下去。

二、為什麼呢？胸腔和胃部之間有一層肌肉膜，也就是橫膈膜。當你正確地呼吸時，空氣會先充滿肺的下半部；空氣充滿肺的上半部前，橫膈膜就會往下推到胃，使得胃向上鼓起。當肺的上半部也充滿空氣時，胸腔會往外擴張，使得胃又縮下去。

三、這就是古人所說，呼吸始於肚臍而終於鼻尖。

對初學者來說，躺下來練習呼吸非常有用。重要的是要防止太過努力，對肺而言，那樣做會很危險，特別是當肺已經因為多年不正確的呼吸，而變得很虛弱時。

開始練習時，修行者應該背枕著薄墊子或毯子躺下，雙臂輕鬆地放在身側，不要墊枕頭。

以計數測量呼吸的長度

專注於呼氣上，看看它有多長，心中默數：「一、二、三……」緩慢地測量它。這樣，數幾次之後，就能知道自己的呼吸「長度」或許是「五」。

現在，試著延長呼氣的長度，多數一或兩個數，讓呼吸長度變為「六」或「七」。接下來開始一邊呼氣，一邊從「一」數到「五」。數到「五」時，不要像以前一樣立刻吸氣，試著讓呼氣延長到「六」或「七」。

這個方法能清空肺部中的氣。呼氣結束時，停頓一會兒，讓你的肺自發地吸入新鮮的空氣。讓肺自己在不費力下，能吸入多少空氣就吸入多少空氣。

吸氣通常要比呼氣來得「短」一些。默默保持穩定的計數，測量吸氣和呼氣的長度。像這樣練習幾個星期，躺下時永遠對吸氣和呼氣保持覺知。（如果你的鐘滴答聲很大的話，就可用它來幫助自己測量吸氣和呼氣的長度。）

繼續在行走、坐下、站立時測量呼吸，尤其是在戶外時。行走時，你可以用腳步來測量呼吸。大約一個月後，你吸氣和呼氣的長度就會差不多了，然後漸漸平衡，最後變得完全相同。如果你呼氣的長度是「六」，吸氣的長度也會是「六」。

疲累時，回復平常的呼吸

如果練習時覺得疲累，就立刻停止。但即使絲毫不覺得疲累，也不要太長時間地練習這種長且平均的呼吸，一次練習個十或二十回呼吸就夠了。

當你開始覺得有點疲累，就回復一般的呼吸狀態。「疲累」是身體的一種出色機制，是最好的警示，會告訴我們是該休息或繼續。

以片語代替數數

為了測量呼吸的長度，你可以用默數的，或用喜歡的具有韻律的片語。

假如你呼吸的長度是「六」，就可以用六個字來代替數數：「此、刻、我、心、平、和。」如果長度是「七」，可以用「我、走、在、新、綠、地、球。」佛教徒可以說：「我、

皈、依、於、佛、陀。」基督教徒可以說：「我、們、天、上、的、父。」當你行走時，每一步都要跟每個字相對應。

5　平靜的呼吸

　　你的呼吸應該是輕柔的、平穩的、順暢的，像潺潺流過沙地的小溪一般。

　　你的呼吸應該非常平靜，靜得連坐在你身邊的人也聽不見。

　　你的呼吸應該優雅地流動，一如河流，也如水蛇遊走水中，而不是像崎嶇不平的山脈或馬兒的飛奔疾馳。

運用呼吸來控制身心

　　掌握自己的呼吸，就是控制自己的身心。每次我們發現自己的心再度散亂，或用盡方法也實在難以自我控制時，都該運用這注意呼吸的方法。

　　當你坐禪時，開始注意自己的呼吸。首先，如平常那樣呼吸，然後漸漸緩和下來，直到每次呼吸都變得很長且平靜、平穩。從坐下到呼吸變得深細且安靜的期間，要一直覺察發生在身上的一切。

了了分明地覺知呼吸

　　就如《正念經》[①] 上所說：

吸氣時，覺知你在吸氣；呼氣時，覺知你在呼氣。

深深地吸進一口氣時，你知道：「我正深深地吸進一口氣」。

深深地呼出一口氣時，你知道：「我正深深地呼出一口氣」。

淺淺地吸進一口氣時，你知道：「我正淺淺地吸進一口氣」。

淺淺地呼出一口氣時，你知道：「我正淺淺地呼出一口氣」。

「吸氣，了了分明地覺知整個呼吸」，你就這樣訓練自己。
「呼氣，了了分明地覺知整個呼吸」，你就這樣訓練自己。
「吸氣，讓整個呼吸平靜下來」，你就這樣訓練自己。
「呼氣，讓整個呼吸平靜下來」，你就這樣訓練自己。

大約十到二十分鐘後，你的思緒將會沉澱下來，像一池平靜無波的湖水。

譯註
①依所提經文的內容來看，此經應為《入出息念經》，請參見【附錄二】。

6 　數呼吸

　　讓呼吸寧靜且平穩下來的方法，可稱爲「隨息」（隨順呼吸）。如果這方式一開始看起來很難，你可以改用「數息」（數呼吸）的方式。

從「一」開始數呼吸

　　當吸氣時，心裡默數「一」，呼氣時，也數「一」。再吸一口氣，數「二」，呼出第二口氣時，也數「二」。這樣一直數到「十」，然後再從「一」開始數起。這種數法就如一條繩子，能把正念拴穩在呼吸上。要想持續覺知呼吸，這個練習就是起點。

　　要注意的是，沒有正念的話，你很快就會忘了繼續默數。如果忘了數到哪兒，就要回到「一」重新開始數，直到你能保持正確地數算。一旦你能真正專注地數，你就有資格丟棄數呼吸的方式，只全神貫注在呼吸這件事上。

看好呼吸就是正念

　　在你煩亂不安或散亂時，若覺得很難修習正念，就回到呼吸上——看好呼吸本身就是正念。

呼吸是看好自己意識的絕妙方法。就如有個教團在它的教規中說的：「人不該在散亂或周遭環境中迷失自己。學著練習呼吸，就是為了再度主控身心，也為了修習正念，以及增長禪定與智慧。」

7 　一舉一動都是儀式

　　讓我們想像一下：有座高牆，從牆的頂端看去是一望無際。但是卻沒有什麼工具可以讓人爬上牆頂，只有一條從頂端往牆壁兩邊垂下的細線。

呼吸是能使身心合一的橋梁

　　聰明的人會在細線的一端，綁條較粗的繩子，然後走到牆的另一邊，拉下細線，繩子就會被牽引到牆的這一邊來。接著再將繩子的末端綁上牢固的粗繩，再將粗繩拽到牆對面。當這根粗繩垂到對面牆根，並固定住時，我們就可以很輕鬆地爬上牆了。

　　我們的呼吸就如那條細線。然而，一旦我們知道如何運用它，它就會成為幫助我們克服那些看來無望情況的絕佳工具。呼吸是連接身體和心靈的橋梁，能協調身與心，使身心得以合一。呼吸與身心狀況是相呼應的，它能統合身心，既能啟發身與心兩者，又能帶來安寧與平和。

　　許多人與書都曾討論過正確呼吸的無盡好處。他們說，知道如何呼吸，就知道如何增進無窮的活力：呼吸使肺強健，強化血液，更讓身體每個器官都像重新活過來一樣。他們還說，正確的呼吸比食物還重要。這些說法都很有道理。

多年前，我病得很重。在吃了幾年藥並忍受療程後，病情並未改善。最後，我回過頭來用呼吸的方法，藉由這方法，我治癒了自己。

呼吸是一種工具，呼吸本身就是正念。儘管將它當作工具來運用，能讓人受益無窮，但我們不該將這些益處當成是學習呼吸的目的，它們不過是修習正念所帶來的副產品罷了。

活在當下就是在禪修

在我為非越南人所開的禪修班上，有許多年輕人。我告訴他們，如果每天能禪修一個小時當然很好，但那其實根本不夠。你得在走路、站立、躺下、坐著和工作時，乃至於洗手、洗碗、拖地、喝茶和朋友聊天時，都練習禪修。

不論你在做什麼，你都得練習禪修：

> 洗碗時，你可能想著等會兒要喝茶，因此想儘快結束洗碗，好坐下來喝杯茶。但是那意味著你在洗碗時，根本沒有活在當下。當洗碗時，洗碗就是你生命中最重要的事。當喝茶時，喝茶就是你最重要的事。當如廁時，如廁就是你最重要的事。

就像這樣，劈柴是禪，擔水也是禪。

一天二十四小時都要保持正念，而不是只有在禪修、讀經或祈禱的一個小時內如此。做任何事情，一舉一動都要秉持正念。

　　一舉一動都是儀式、典禮。

　　將茶杯舉到唇邊是一個儀式。「儀式」這個字眼似乎太沉重了？我用這個詞是為了震醒你，讓你理解「覺知」這件生死大事。

第二章

正念日

1 今天是你的

一個人每天時時刻刻都應該修習正念。

選定一個能完全主控的日子

這說起來很容易，做起來卻不簡單。這就是為什麼我在禪修班上建議大家，每星期應有一天全部用來修習正念。原則上，每一天、每個小時都應該是你自己的，可是事實上很少人能夠如此，我們總感覺自己的時間被家庭、工作和社會事務占去。

所以，我建議每個人從一個星期中抽出一天來，或許是星期六。

如果你選了星期六，那麼星期六就完全是你自己的，一個你可以完全主控的日子。星期六將會成為一道梯子，它會提升你，使你養成修習正念的習慣。

和平工作隊或服務團體的所有工作人員，不管工作有多麼急迫，都有權利擁有這樣的一天。因為如果沒有自己的一天，我們會很快在充滿煩憂和忙碌的人生中迷失，而我們的感知回應，也會日益突然無用。不管我們選了哪一天，都可以把那天視為「正念日」。

提醒自己「今天是我的正念日」

　　爲了設定一個「正念日」，你要想辦法在那一天醒來時就提醒自己，這天是你的「正念日」。

　　你可以在天花板或牆上掛些什麼，像是一張寫著「正念」的紙或一根松枝——任何在張眼時就會看到，會提醒你「今天是我的正念日」的東西。

　　今天是你的。記著這一點，或許你會感覺到一抹微笑正在臉上綻放，這笑容證明你完全處在正念中，並能進一步滋養出更圓滿的正念。

2 在正念中甦醒

　　還躺在床上時，慢慢地跟隨著你的呼吸——緩慢悠長且充滿覺察的呼吸，然後緩緩起身（而不是像平時一躍而起），藉著每一個動作來滋養正念。

　　起床後，刷牙、洗臉，平靜而放鬆地做所有晨間事務，但每個動作都要以正念去做。

平靜地做每個動作

　　隨順你的呼吸，看好它，不要讓念頭東奔西跑。每個動作都該平靜地去做，用安靜而悠長的呼吸來測量你的腳步，保持微笑。

　　至少花半個小時洗澡。緩慢而正念地洗，那麼在洗好時，你會覺得輕鬆且精神煥發。之後，你可能會做點家事，像洗碗、打掃、擦桌子、刷廚房地板，或整理架上的書。不管你做什麼，都要在正念中從容輕鬆地做，不要抱著只想把它完成的心態做事。

　　下定決心以一種放鬆的方式，全神貫注地做每一件工作。享受你的工作，並與它合一。如果你做不到這樣，「正念日」就毫無意義了。

保持全然的正念

　　如果你以正念去做每件工作，覺得每件工作都很令人頭痛的感覺，就會很快消逝。就如那些禪師，不論做什麼工作，舉手投足，都不慌不忙，非常沉穩，絲毫沒有勉強。

　　對剛開始修習的人來說，「正念日」那天最好整天都保持沉默的心境。

　　這不是說你一句話都不能講，你可以聊天，甚至唱歌，但不論聊天或唱歌，都要對你在說什麼，或在唱什麼，保持全然的正念，並且儘量少說或少唱。當然，只要覺察到自己正在唱，覺知正在唱什麼，在說和唱的同時修習正念也是可能的。

　　要注意的是，如果你的禪修力還很弱，在談天、唱歌時，就很容易失去正念。

3 在正念中入睡

午餐時間到了，好好地爲自己準備一餐。在正念中煮飯、洗碗。

過好真實的每一刻

早上清掃房子後，以及下午忙完園藝工作或看雲、摘花後，在正念中給自己泡壺茶，坐下好好品嘗。給自己充裕的時間來做這些事，不要像有些人在休息時間內，牛飲咖啡般地喝茶。要不疾不徐且虔敬地喝它，就好像它是地球繞著旋轉的中軸，和緩地、平穩地朝未來行進，而不是匆匆忙忙地衝去。

過好真實的這一刻。這一刻，就是生活本身，就是生命。不要成爲未來的俘虜，不要煩惱你未來要做的那些事，不要急著想開始或擺脫什麼事，也別想著「啓程」。

化為樹籬中靜靜坐著的芽，

化為微笑，成為這不可思議的存在的一部分，

佇立在這兒，無須啟程。

這塊土地，就像我兒時的故土那樣美麗，

請不要傷害它，並且繼續歌唱……

——《金芥茉花田上的蝴蝶》

（Butterfly Over the Field of Golden Mustard Flowers）

「正念日」可使生命改變

晚上，你可以誦經並且抄寫幾段經文，寫信給朋友，或做其他你喜歡做的事，只要不是這週的日常事務。但不管你做什麼，都要保持正念。

晚餐吃一點就好，這樣在十點或十一點坐禪時，你會因為空腹而較能坐得輕鬆點。

之後你可以在晚間清爽的空氣中悠閒地散步，在正念中跟隨著呼吸，並藉著腳步測量自己呼吸的長度。最後，回到房間，在正念中入睡。

我們必須想辦法讓每個工作人員都能擁有「正念日」，這樣的一天絕對是必要的。它的效果，對這一週內的其他日子影響是不可估量的。

十年前，多虧了「正念日」，周文（Chu Van）和我們「互即互入團」（The Tiep Hien Order）①的其他姊妹弟兄，才得以引導他們自己度過種種困境。

我相信，只要施行每週一次的「正念日」三個月，你們就會看到生命中巨大的改變。「正念日」會開始滲透到一週內的其他日子，最後你一週七天都會活在正念中。

我確定，你會像我一樣同意「正念日」的重要！

譯註

①互即互入團（The Tiep Hien Order）：Tiep Hien 為越南語，意思是「互即互入」
（interbeing），就是互攝地存在，也就是「此即彼，彼即此；此中有彼，彼中有
此」，亦即《華嚴經》所言「圓融無礙」的境界。

正念的奇蹟 The Miracle of Mindfulness

第四章

一　鵝卵石

1 做一顆鵝卵石

你為什麼要禪修呢？

首先，因為我們每個人都需要徹底的休息。一個晚上的睡眠並不能提供完全的休息。翻來覆去，臉部肌肉緊張，還有做夢——何曾好好地休息過了？當你仍然覺得沒有得到休息，而輾轉反側時，躺著並不意味著你在休息。

背貼著床躺著，手腳放直但不僵硬，頭下不要墊枕頭，這是個練習呼吸且放鬆肌肉的好姿勢，不過這種方式也很容易讓你睡著。躺著禪修時，你無法像坐著禪修時那麼深入。

跏趺坐，身體保持挺直

其實，坐著也可以完全休息，並且進一步幫助你進入更深的禪修境界，解決那些擾亂並阻塞你意識的憂愁與煩惱。

我們在越南的工作人員中，有許多人可以全跏趺坐——左腳放在右大腿上，同時右腳也能放在左大腿上。其他的人可以半跏趺坐——左腳放在右大腿上，或右腳放在左大腿上。

我們在巴黎的禪修班上，有的人不論用上述哪個坐姿，都覺得不舒服，因此我教他們日本人的坐法：跪著，臀部坐在兩條腿上。如果在腿下墊個蒲團，這樣的坐姿可以維持一個半小時以上。

雖然如此，但是任何人都能學會半跏趺坐，雖然一開始多少會覺得痛。但練習幾個星期後，就會覺得這種姿勢很舒服。在初學階段，如果真的痛得坐立不安，可以換另一腳，或是換成其他坐姿。如果全跏趺坐或半跏趺坐，身下必須墊個蒲團，好讓雙膝碰觸地面。這麼一來，身體與地板會有三個接觸點，能讓坐姿非常穩定。

　　背脊保持挺直，這非常重要。頭和頸部必須與脊椎成一直線，但是不要僵直或像塊木頭似地。看著前方約一、兩公尺的地方，如果可以的話，輕輕地微笑。

輕輕地微笑，心中充滿喜悅

　　現在開始隨著你的呼吸，放鬆所有的肌肉。專注地保持脊椎挺直，並且隨著你的呼吸。至於其他的事，隨它去，什麼事也不要管。

　　如果你想放鬆因煩惱而緊繃的臉部肌肉，那麼先輕輕地微笑。當你微笑時，所有的臉部肌肉就會開始放鬆。輕輕地微笑，維持得愈久愈好，那微笑就是你在佛陀臉上看到的那種微笑。

　　掌心向上，左手放在右手上，放鬆雙手、十指、雙臂和雙腿。什麼事都不要管，要像隨波漂流的水生植物，而水面下的河床卻保持不動。除了呼吸和輕輕地微笑之外，心無所繫。

對初學者來說，靜坐不宜超過二十或三十分鐘。在這期間，你可以很輕易地得到徹底的休息。訣竅有兩個：「注意」和「放下」；注意呼吸，並放下其他一切事情。放鬆身體的每一條肌肉，在大約十五分鐘後，就可能達到深刻的安靜狀態，內心充滿祥和與喜悅，保持這種安靜與平和。

有些人視禪修為苦差事，希望時間快點過去，之後好休息一下，這樣的人還不懂怎麼靜坐。如果你坐得正確，就有可能在坐姿中尋得徹底的放鬆與祥和。通常，想像「一顆被扔進河裡的鵝卵石」這意象，會有助於禪修。

想像自己是一顆沉到河裡的鵝卵石

要如何藉助這顆鵝卵石的意象？

以最適合你的姿勢坐下，全跏趺坐或半跏趺坐都可以，脊背挺直，輕輕地微笑。緩慢地深呼吸，觀照每一次呼吸，與它合一。放下一切，把你自己想成一顆被丟進河裡的鵝卵石。鵝卵石毫不費力地直接下沉，它以最短的距離墜落，最後沉到河底，那最佳的休憩處，途中不黏附任何東西。你就像那顆讓自己沉到河裡的鵝卵石一樣，放下一切。

你存在的核心，就是你的呼吸。你不需要知道要花多少時間才能到達細沙河床上完美的休憩處，當你覺得自己像那顆到達河床的鵝卵石那樣地歇息，就是你開始得到休息的時

刻，你不再被任何事物牽動了。

如果連在靜坐的當下，你都無法找到祥和喜悅，那麼「未來」本身就只會像流水般流過，你阻擋不了它的流逝，而在它成爲「現在」時，你也無法好好地活在當下。喜悅與祥和，正是靜坐的當下所生起的喜悅與祥和。

此地、此時，你就可以開悟

如果你在這裡找不到它，你在別的地方也找不到。別如影隨形地緊追著你的思緒，不要跟著思緒跑。在當下發現喜悅與祥和。

這是你自己的時間，你坐的這個地方是你自己的地方。在此地、此時，你就可以開悟，不用去坐在遙遠的異鄉某棵特定的樹下。如此修習幾個月，你將會開始體認一種深刻且重生的喜悅。

靜坐時是否輕安，要看你每天修習正念的時間多寡，還要看你的靜坐是否有規律。要是可能的話，就和親朋好友每晚一起靜坐一個小時，例如從十點到十一點。想參加的人，都可以來坐個半小時，甚至一小時。

2 觀心

有人可能會問：放鬆就是禪修的目標嗎？

事實上，禪修的目標遠遠不止於此。然而，放鬆卻是禪修必經的起點，一個人如果懂得放鬆，就能有顆寧靜的心與澄澈的頭腦。達到這樣的境界，就已經是在禪修之路上邁出了一大步。

練習觀照覺受與念頭

當然，為了看好自己的心，且讓念頭平靜下來，我們也必須練習觀照自己的覺受（受）與念頭（想）。若要掌握自心，就必須練習覺照內心。你必須知道如何觀察，並辨識浮現在心中的每種覺受與念頭。常照禪師 ① 寫道：

> 如果修行者透徹地了解自心，他就只需要少許的努力，便能有所成就。但是倘若他對自心一無所知，那所有努力都將成空。

如果你想了解自心，只有一個辦法：去觀察並辨識出與心有關的一切。你必須時時刻刻這麼做，在日常生活中隨時進行，而不是只在禪修的時刻才這麼做。

禪修時，各種覺受和念頭都可能浮現。如果你沒有練習觀照呼吸，這些念頭很快就會誘引你偏離正念。但呼吸不只是個藉以驅趕這些念頭和覺受的工具，它是聯繫身心並開啟智慧之門的工具。

當某種覺受或念頭浮現時，你不該刻意地去驅趕它，只要持續專注於呼吸，它自然會從心中消失，不能只想著躲避它、憎恨它、氣惱它或懼怕它。

只要認知覺受與念頭的存在

那麼，對於這些覺受和念頭，你到底該做什麼？

其實你只要認知到它們的存在。例如，當悲傷悄悄浮現，你要立即辨識到它的存在：「一種悲傷的感覺剛剛在心中生起。」如果這悲傷的感覺持續，就繼續辨識：「這悲傷的感受仍在我心裡。」假如有個這樣的念頭浮現：「已經很晚了，可是鄰居還在製造噪音。」那就要辨識到自己冒出了這個念頭。

假如這念頭繼續存在，就繼續辨識它。如果浮現了另外一種覺受或念頭，就以同樣的方式辨識它。重要的是，不要讓任何覺受或念頭浮現，卻不以正念來辨識，要像皇宮守衛一樣，對所有經過前廊的人的臉孔，都保持清清楚楚的覺知。

假如現在沒有任何覺受或念頭，那麼就辨識自己此刻沒有

什麼覺受或念頭。像這樣練習，你就能敏於覺知自己的覺受和念頭，很快地就能掌握自己的心。你可以將觀呼吸、觀受與觀念頭的方法，結合運用。

譯註

①常照禪師（？-1906）：海陵（廣東陽江）人，字昌道，號雲飄。通經史，能制藝。先依焦山大師學習經論，又從觀心慧公參究禪法，皆有所成。後來繼任焦山定慧寺住持，調御四眾，持戒精嚴，譽震四方。

3 心如何觀心？

練習正念時，不要去區分好壞、善惡，因為那會引發修行者內心的戰爭。

認知念頭的生滅

不論何時，當善念生起，就要認知：「我心中生起了一個善念。」而當惡念生起，也要認知：「我心中生起了一個惡念。」不論你有多麼不喜歡，都別老想著或試著消除它，認知到它就夠了。如果你已經離開了，你必須知道你已經離開了；而如果你還停留原處，也要知道你還在原處。一旦你有了這樣的覺知，就沒有什麼好害怕的了。

當我提到皇宮大門的守衛時，你大概已經想像到這樣的畫面：一個有著兩扇門的前廊，一個入口，一個出口，而你的心就是那個守衛。不論什麼覺受或念頭進入，你都覺知它進入了，而當它離去時，你也覺知到它離去了。

念頭與覺受就是我們自己

但是這個意象有個缺點，它讓人覺得進出走廊的人跟那守衛是不一樣的。而事實上，我們的念頭和覺受就是我們自

己，它們是我們的一部分。有一種誘惑使得我們把它們，或至少是它們當中的一部分，當作是一股與自己敵對的力量，一直試圖干擾你心中的定或慧。

但是，事實上，當憤怒時，我們自己就是憤怒本身；當快樂時，我們自己就是快樂本身；當產生某些念頭，我們本身就是那些念頭。我們既是守衛，也是訪客。我們既是自己的心，也是心的觀察者。

因此，驅趕或執著於任何念頭都沒必要。重要的是覺知到這個念頭。這種觀察並非將心當成對立的客體，它並非要建立主體和客體之間的區別。心不強占心，心也不會把心趕走。心只能觀察它自己，這種觀察不是在觀察某個獨立於觀察者之外的事物。

心直接在心裡體驗它自己

我記得白隱禪師 ① 的公案，他曾經問：「單手相擊會拍出什麼聲音？」或者，以舌頭味覺的經驗為例：「是什麼把味道和味蕾分開了？」心直接在心裡體驗它自己。這非常重要，這也是為什麼在《正念經》（譯按：《入出息念經》）中，佛陀總會提到：

　　即受觀受，

即心觀心。

有人說過佛陀之所以用這樣的句子是爲了要強調「受」和「心」這兩個字，但是我不認爲這種說法領悟了佛陀的眞意。

「即受觀受」，就是體驗某種覺受時，就直接觀照那覺受，而不是去思考覺受的複製品，也就是有關覺受的概念或形象。那些概念、形象只是人們爲覺受構設出來的東西，某種外在於覺受，且和眞正覺無關但看似客觀的概念。

「即受觀受」就是心在體驗「即心觀心」，描述性的語句使得它聽來像個謎語、謬論或是繞口令。以外在的觀察者而客觀地觀察某件事物，這是科學的方法，並非禪觀的方法。因此，守衛和訪客的概念，無法適當地說明心如何觀察心。

佛經上說，心猶如一隻在森林中不停地擺盪的猴子。爲了不要因爲牠行蹤飄忽而失去牠的蹤跡，我們必須持續觀察這隻猴子，甚至與牠合而爲一。即心觀心就如物體和它自己的影子——這物體根本無法擺脫它自己的影子，兩者其實是一體的。不論心去了哪裡，它仍受心的掌控。

佛經裡有時會用「綁住猴子」的形容來比喻「看好自心」，但是猴子的意象也只是種表達方式而已。一旦心能直接且持續地覺知它自己，它就不再像隻猴子。並沒有兩顆心，一顆從一根樹枝盪到另一根樹枝上，另一顆則緊跟在後，想用繩索綁住它。

靜坐能使身心平和

禪修者通常都希望能見到自性，以達到證悟。但是如果你才剛開始禪修，別期待「見到自性」，甚至最好什麼也別期盼。特別是，別在靜坐的時候希望見到佛陀或任何樣態的「究竟實相」。

在剛開始禪修的前六個月，只要試著培養自己的定力，創造內在的平靜和安詳的喜悅。你會擺脫焦慮不安，享受到徹底的休息，並且使心安靜下來。你會煥然一新，對事物將會有更廣泛、更清明的認識，內心的愛也會更深、更強。然後，你就能對於周遭的一切，做出更有建設性的回應。

坐禪乃是精神和身體的滋養劑。藉由靜坐，我們的身體達到和諧，感覺更輕盈，也更深入平和中。從觀察自心至見到自性，這條路其實並不難走。一旦你能夠讓心平靜，一旦覺受和念頭都不再能擾亂你，你的心就開始安住在自身了。

你的心會以一種直接且不可思議的方式看好它自己，而這種方式從不會去區隔主體和客體。用這種方式，喝茶時，喝茶的人和被喝的茶之間的區別將會消失；喝茶變成一種直接而奇妙的體驗，在這過程中，主體和客體之間的分別不再存在了。

散亂的心也是心，就像浪花也還是水一樣。當心看好它自

己，迷妄的心就變成眞實的心。

　　眞心就是眞實的自我，也就是佛陀——未被分割、完完整整的「一」，它不會被孤立個體的虛妄分別所分割，而這些虛妄分別則是由概念和語言製造出來的。

　　但是現在我不想就此談太多。

譯註

①白隱禪師（1685-1768）：日本臨濟宗僧。世稱臨濟宗中興之祖或現代臨濟宗之
　父，是數百年來日本禪師中最具才藝而穎悟超群的一位。一生致力於將公案系統
　化，並獨力復興日漸式微的臨濟宗。他所創的「隻手之聲」公案是日本人自創的
　公案中最著名的；此外，他的著作《坐禪和讚》也被後世各禪院普遍誦習。

第五章

一即一切，一切即一：五蘊

1　有「自我」嗎？

　　讓我在這裡用幾行字來談談幾個修行法門，藉由這些方法，能讓你跳脫狹隘的見解，變得無懼且慈悲。這些方法就是：緣起（相互依存）觀 ①、無常觀 ② 與慈悲觀 ③。

以定觀照事物間相互依存的本性

　　當你坐禪時，在看好自心之後，你就能以定觀照特定物體間相互依存的本性（依他起性）。這種禪修法並非對相互依存做哲學的推論思考，而是以心觀心，是修行者藉由定力，以揭示所觀物體展露的真實自性。

　　想想這個簡單而古老的真理：認知的主體不能獨立於認知的客體而獨立存在。「看」，就是去看某樣東西；「聽」，就是去聽某樣東西；「憤怒」，是因為某事而憤怒；「希望」，是希望某事；「思考」，乃是思考某事。一旦認知的對象（那個事物）不存在，也就沒有認知的主體。

　　修行者禪觀內心，而藉由這麼做，得以洞察「能知的主體」與「所知的客體」之間相互依存的關係。當我們修習入出息念時，能認知呼吸的就是心；當修習身念處時，能認知身體的就是心；當修習觀照外身時，能認知這些事物的還是心。因此，觀照所有物體間的依他起性（緣起觀），就是「觀心」。

觀照自身五蘊的和合

心的所有對象就是心本身。佛法上，我們稱心的對象爲「法」。「法」通常被歸類於五個範疇：

一、色
二、受
三、想
四、行
五、識

這五個範疇通常稱爲「五蘊」。不過，第五蘊「識」含括了其他的四蘊，而且是其他四蘊存在的基礎。

緣起觀是對諸法的深入觀照，藉以契入它們真實的本性，洞見它們其實都只是實相這一大「整體」的一部分，也領悟到實相這個整體乃是不可分割的，無法被切成小塊而各自獨立存在。

觀照的第一個對象是我們自己，亦即我們自身五蘊的和合。你可以就在此時此地，觀照那組成了你自己的五蘊。

你將覺察到色、受、想、行和識的存在。持續觀察這些「對象」，直到你看到它們每一個都與你身外的世界緊密相

連：如果世界不存在，那麼這五蘊的和合也就不存在。

你和宇宙本為一個整體

想想桌子這個例子。只有在我們或可稱之為「非桌子的世界」，像是森林（樹木在那裡生長，並且被砍伐）、木匠、鐵礦（變成釘子和螺絲），以及其他無數與這張桌子有關的東西，包括木匠的父母及祖先，乃至於讓樹得以生長的陽光和雨水等存在時，桌子才有可能存在。

如果你領會了這張桌子的實相，你就會看到，這張桌子中存在著所有那些我們通常認為它們是屬於「非桌子的世界」的事物。如果你將這些「非桌子」因素中的任何一個抽走，並把它還原至它的本源，像是讓釘子恢復成鐵礦，讓木材回到森林，將木匠還給他父母，這張桌子就不存在了。

一個能經由觀照這張桌子而看到整個宇宙的人，就是見道的人。你要用同樣的方式禪觀自己五蘊的和合。禪觀它們，直到你在自我中看到「一」的實相的存在，看到你的生命和宇宙的生命本為一個整體。

如果五蘊還歸至它們的源頭，自我就不存在了。這個世界的每一秒都在滋養著五蘊，自我就是五蘊的和合，在宇宙萬物的形成、創造與滅亡之中，五蘊的和合也扮演了關鍵性的角色。

譯註

①緣起觀：此處的「緣起」是《華嚴經》所說的「法界緣起」，即任何事法皆為整個法界無限的一體的表徵，所有的事法皆互為因緣而相依並存。此章的標題「一即一切」，並非說通常任一事法即是一切事法，而是說，任一事法，在法界緣起觀中，與一切事法同為無限的一體。因此，在此理體上，任一事法與一切事法都無從分割，因此說「一即一切，一切即一」。

②無常觀：我們的心並非永遠不變，而是時時刻刻都在生滅，這就是無常。而眾生執著萬物皆恆常不變，而不知此均有生滅現象，所以「觀無常」是用來破除眾生對「常」的執著。

③慈悲觀：慈悲一切眾生的觀法。

2 從受苦中解脫

人們通常將實相切割成不同部分，因而看不到所有現象間的相互依存關係。看到了一切中的「一」和「一」中的一切，就是突破了一個大障礙，這個障礙限制了人們對於實相的感知。佛教稱這個阻礙為「我見」。

洞察「五蘊皆空」

「我見」是指相信有獨立存在，而且永遠不變的實體我。突破這個妄見，就能從各種害怕、痛苦，以及焦慮中解脫出來。對越南和平工作人員有眾多啟發的觀世音菩薩，在洞察了「五蘊皆空（無我）」的實相時，她就從各種折磨、苦痛、懷疑與憤怒中解脫了。這種禪修法對每個人都適用，假如我們堅持不懈，精進地觀照五蘊，我們也能從受苦、害怕、恐懼中解脫。

為了成為宇宙生命的一部分而活著，我們必須除去所有障礙。人並非像一個包覆在厚貝殼裡那樣的孤立個體，與世界隔絕，能夠不受外界影響而自由穿越時空。如果那樣與世隔絕地活個一百世或十萬世，那就稱不上是活著，而這種情況也根本不可能發生。

學著將眼前的人看成自己

我們的生命是萬象的展現，就像我們自己也身處各種不同現象中。我們就是生命，而且生命是無限的。也許我們只有在過著世間生活時，也就是在經歷著別人的悲苦、喜樂時，才算是活著的。別人的痛苦就是自己的痛苦，別人的快樂就是自己的快樂。

如果生命是無限的，那麼組成我們的五蘊也會是無限的。宇宙的無常、生命的成敗，都不能再擺佈我們。如果能了悟緣起的實相並深深契入，就再沒有什麼能壓制我們，你就解脫了。全跏趺坐，觀察你的呼吸，並為那些為他人獻身的人禪修。

我們應該時時刻刻練習禪觀事物的相互依存關係，讓它成為日常生活中不可或缺的一部分，而不只在靜坐時練習。我們必須學著將眼前的人看成自己，而自己就是那個人。我們必須能洞察所有正在發生，和將要發生的事件的緣起與相互依存關係。

3 騎在生死的浪頭上

我不能略過生死問題不談。

許多年輕人和不少人出於對受苦者的愛，來這裡為他人服務，為和平而工作。他們都很清楚，最重要的問題就是生死的問題，但是常常看不清生與死不過是同一實相的兩面。一旦我們領悟這個道理，我們就有勇氣面對生死了。

不知怎麼死，就不知怎麼活

在我年僅十九歲時，一位年長的比丘要我禪觀「墓園裡的一具屍體」這個意象。我覺得這很困難，於是抗拒這種禪修練習。但現在我不這麼覺得了，不過，那時我覺得這種禪修方式應該是屬於較年老比丘的。

但是在那之後，我看過許多一個挨著一個躺著，動也不動的年輕士兵，他們有些才不過十三、十四或十五歲，對死亡一點準備都沒有。

現在我知道，如果一個人不知道怎麼死，就幾乎不知道怎麼活，因為死亡就是生命的一部分。就在兩天前，摩比（Mobi）告訴我說，她認為一個人二十歲大就可以禪觀屍體了。而她也才不過剛滿二十一歲。

我們必須直視死亡，辨識出它，並接受它，就像我們直視

生命，並接受它一樣。

佛教的《正念經》（譯按：《大念處經》）中，談到如何觀屍體：禪觀身體的腐爛，禪觀身體如何膨脹、淤紫，如何被蛆吃得只剩幾絲血肉附在骨上。一直禪觀到它只剩下白骨，然後慢慢朽壞，直到化為塵土。像這樣禪觀，知道你的身體也將經歷同樣的過程。禪觀屍體，直到你變得寧靜且安詳，直到你的心變得輕安，直到你的臉龐泛起微笑。

只有在當下，才能超越生死

藉著克服嫌惡與懼怕，生命將會被視為無限珍貴，每一秒都該珍惜。進一步來說，不是只有自己的生命該珍視，而是每一個人的生命，每一個人、每一個眾生、每一個存在，以及每一個其他的實相，都應該受到珍視。

我們不會再被「為了自己的生存，毀滅別人是必要的」這樣的想法所迷惑。生和死是生命的兩面；如果兩者不同時存在，生命也就不可能存在，就像一個銅板必須要有兩面才得以存在一樣。只有在當下，我們才有可能超越生死，才有可能知道怎樣去活，怎樣去死。

佛經上說，菩薩洞徹了相互依存的實相，突破了一切狹隘的見解，因而得以像人駕著小舟，卻不被生死的浪頭淹沒或溺亡一樣，能自由地進出生死。

有些人說，如果你以佛教徒的角度去看實相，就會變得悲觀。但是用「悲觀」或「樂觀」這樣的詞語，都太過簡化真理了，重點是要看實相真正呈現出來的樣子。悲觀的態度，永遠不可能綻放安詳的微笑，就如菩薩和其他得證道者的唇上浮現的寧謐微笑一樣。

第六章

你前院的杏樹

1 你眞的看到 前院的杏樹了嗎？

　　我已經談過了緣起觀。當然，所有追求眞理的方法都該視爲手段，而不是目的或絕對眞理。

緣起觀並非哲學體系

　　禪觀事物的相互依存關係，目的是要破除虛妄的分別障礙，讓人們得以融入生命的整體和諧，而不是爲了創造一個緣起（相互依存、依他起）的哲學體系。

　　赫曼・赫塞（Hermann Hesse）① 在他的小說《悉達求道記》（Siddhartha）中，還未能洞徹這點，因此筆下的悉達是在宣講相互依存的哲學。對我們來說，那些話語就不免顯得天眞。

　　赫曼・赫塞提供我們一幅萬物相互依存的圖像，在這圖像中，一切都是互相關連的；它是一個毫無瑕疵的系統：每樣事物都一定能嵌入這個互相依存、絕無謬誤的體系，而在這體系中，人不可能去思考如何從這世界解脫的問題。

思惟宇宙萬法的三種特性

　　依據我們佛教傳統的觀點，宇宙萬法有三種特性 ② ：遍計

所執性、依他起性與圓成實性。

我們首先來思考「依他起」（緣起、相互依存）。由於疏忽（失去正念）與偏見，我們常在實相上蒙上一層邪見的面紗，這是通過「遍計所執性」來看實相。遍計所執性可以說是實相的幻相，它將實相看成許多不相干的獨立實體和自我的集合體。

為了要打破遍計所執性所造成的幻相，修行者必須在萬事萬物的生滅過程中，禪觀萬物間的相互依存，或萬象中的相互關連。這種思惟的方式是一種觀照方法，而不是哲學教條的基礎。如果一個人只是抱著某種概念體系不放，那他將會陷入僵局。

禪觀緣起可以讓人契入實相，與它合而為一，而不被某種哲學觀念或禪修方法所束縛。

筏是用來渡河的，而不是要拿來扛在肩膀上的；指著月亮的手指，並不是月亮本身。

最後，讓我們談談「圓成實性」，也就是解脫了「遍計所執性」所造成的邪見後所顯現的實相。

實相就是真實，超越任何概念，也沒有任何概念能夠恰當地描述它，甚至「緣起」的概念也無能為力。為了確保不執著於任何哲學概念，佛學還談及「三無性」③，以免我們被「三自性」的教義所束縛。大乘佛教教法最重要的特性正是在於此。

主體與客體的區別消失

當了知實相的「圓成實性」，修行者就達致了「無分別智」。這是一種奇妙的圓融境界，在這境界中，主體、客體的區別消失了。這並非一種遙不可及的狀態，只要稍微堅持地精進修習，任何人都至少能經驗它。

我的桌上有一疊孤兒申請扶助金的申請書 ❶。我每天都翻譯一些。在我開始翻譯一份申請書之前，我會凝視照片中的孩子的眼睛，並仔細觀察他的表情和特徵。

我覺得我和每個小孩間都有種深刻的聯繫，使我能和他們之間達致一種特別的交流。當我將這些寫下來給你時，我看到在那些時刻，在我翻譯申請書那些簡單的文字時所體驗的交流，就已經是一種無分別心。

我看不到有一個「我」在翻譯這些申請書好幫助那些孩子，我看不到有哪個孩子在接受愛與幫助。小孩和「我」是一體的：沒有人在憐憫，沒有人在求助，沒有人在援助。沒有任務，沒有待做的社會工作，沒有悲憫，沒有特殊的智慧。這種時刻就是無分別心的時刻。

洞徹杏樹就是「見道」

當你體會了實相的「圓成實性」，在你前院的一棵杏樹就

有可能完全地顯露它的本性。杏樹本身就是真理，就是實相，就是你的自我。所有經過你前院的人當中，有多少人曾經真的好好看過杏樹？

藝術家的心可能會敏感些，很可能會用一種比別人來得深入的方式看這棵樹。由於擁有更開放的心，藝術家和這棵樹之間，無疑地有某種交流存在。

重要的是你自己的心。假如你的心未被邪見所蒙蔽，你就自然能融入與這棵樹的交流中。物我合一時，這棵杏樹將把自己完完整整地顯現在你面前。洞徹杏樹就是「見道」。

曾有人請求一位禪師④解釋實相的奧祕，那時禪師就曾指著一棵柏樹說道：「看看那邊那棵柏樹。」

註釋

❶越南佛教和平代表團（The Vietnamese Buddhist Peace Delegation）在進行一個募款活動，好為那些收容孤兒的越南家庭籌錢。在美國，贊助者每月捐六美金給特定孤兒的家庭。

譯註

①赫曼‧赫塞（Hermann Hesse, 1877-1962）：德國作家。《悉達求道記》（Siddhartha）在台灣又譯作《流浪者之歌》。

②即「三性」，又名「三自性」，唯識宗將宇宙萬法分為三種性質，包括遍計所執性、依他起性、圓成實性。普遍計度一切法，然後顛倒迷執，認為或有或無者，是「遍計所執性」。萬法皆無自性，無法單獨生起，須具足眾緣，然後乃生，是「依他起性」。諸法的本體，具有圓滿成就真實之性，是「圓成實性」。此中，遍計所執性是妄有，依他起性是假有，圓成實性是實有。

③三無性：包括相無性、生無性、勝義無性。「相無性」是說一切遍計所執的事物，其相皆假而非實有。「生無性」是說一切法皆依因緣和合而生，因緣生則無有實性。「勝義無性」是說諸法勝義原無生滅，本不可說，故無有實性。

④即趙州禪師（778-897）：禪宗六祖慧能大師之後的第四代傳人，人稱「趙州古佛」。他膾炙人口「吃茶去」、「洗缽去」、「庭前柏樹子」、「狗子無佛性」等公案不僅啓悟了當時的禪僧，且流傳後世，其中「狗子無佛性」更凝練為「無門關」，成為禪門一大總持，至今在中國、日本、歐美等地仍是最流行的公案。「庭前柏樹子」公案如下：「如何是學人自己？」師云：「還見庭前柏樹子麼！」

2 漲潮的聲音

　　當你的心獲得解脫，心中會滿溢慈悲：對你自己慈悲，因為你曾受過這麼多的苦，只因為你那時還未能將自己從邪見、憎恨、愚癡與憤怒中釋放出來。你也會對他人慈悲，因為他現在還未能看清自己被邪見、憎恨與愚癡所囚禁，且會因此繼續被囚禁下去，給自己與他人帶來更多痛苦。

以慈悲之眼觀眾生

　　現在請你以慈悲之眼看著自己與他人，像個聽見宇宙所有眾生哭喊的聖徒，而這位聖者的聲音，就是每一個徹見實相的人的聲音。就像有一部佛經 ① 中，曾經如此描述大悲觀世音菩薩的聲音：

> 這絕妙之聲，傾聽了蒼生哭喊的聲音，
> 這尊貴之聲，超越了世間之聲的漲潮中，
> 讓我們的心與那聲音共鳴。

> 將疑慮拋到一邊，
> 諦觀世界之聲的傾聽者之純淨神聖，
> 因為那就是我們在痛苦挫折、災難死亡時的倚賴。

具足一切功德，慈眼凝視著所有眾生，

使祝福之海無限寬廣，

在祂面前，我們應當頂禮。

練習以慈悲之眼觀眾生，這種禪修法可稱為「慈悲觀」。

在正念中工作，工作就是生命

慈悲觀必須在靜坐，以及在為他人服務的每一時刻修習。不論你是去哪裡或坐在哪裡，都要記得這個神聖的呼籲——「以慈悲之眼觀眾生」。

禪修的主題和方法有很多，多到我從未想過要將它們寫下來給朋友們看。在此我只提過一些簡單但是很基本的方法，一位和平工作者就像其他任何人一樣，她或他都必須過自己的生活。

工作只是生命的一部分；但是如果在正念中工作，工作就是生命。否則，人們就會像是行屍走肉。

我們必須點亮自己的火炬支持下去。然而，我們每個人的生命都與身邊的人相繫。如果我們知道如何活在正念中，如何留意保護自己的心靈，那麼我們的兄弟姊妹也會因而懂得如何活在正念中。

譯註

①指《妙法蓮華經·觀世音菩薩普門品》，原經文：「妙音觀世音，梵音海潮音，勝
彼世間音，是故須常念。念念勿生疑，觀世音淨聖，於苦惱死厄，能為作依怙。
具一切功德，慈眼視眾生，福聚海無量，是故應頂禮。」

3 禪修：揭露實相與療癒

在正念中靜坐，我們的身心都會變得平和而且完全放鬆。但這種平和放鬆的狀態，和人們在休息和打盹時心的慵懶、半意識狀態，有根本上的不同。在這種遠離正念、慵懶和半意識狀態中坐著，就如坐在黑暗的洞穴中。但是在正念中，一個人不僅平靜快樂，而且會更靈敏警覺。

禪修是與實相寧靜地相遇

禪修並非逃避；它是與實相寧靜地相遇。

修習正念的人應該像汽車駕駛般警覺；如果禪修者不警覺，他的心就會被散亂與失念所盤據，就如昏昏欲睡的駕駛，很可能造成大車禍。你得像踩著高蹺那般警覺──只要踏錯一步就會跌倒。

你得如赤手空拳、走在劍林中的中世紀騎士般；你得像頭獅子，以緩慢、輕柔而堅定的腳步向前邁進。只有懷著這樣的警戒心，你才能徹底地覺悟。

對初學者，我建議修習直觀（純然地辨識的方法）：辨識而不加以評斷。不論是怎樣的感受，是慈悲或苦惱，都應該

展臂歡迎，辨識它，並且平等地看待，因為這些感覺都是我們自己。我正在吃的橘子就是我；我正在種的芥菜就是我，我全心全意地種植；我以浴佛或浴耶穌的那種全心全意來洗茶壺。在正念中，慈悲、苦惱、芥菜與茶壺，都是神聖的。

如果被悲傷、不安、憤怒、激情或任何其他感受占據，似乎就很難修習直觀。這時不妨轉而禪觀一個靜物，以自己的心境作為禪修的主題。這樣的禪修法能揭露實相並有療癒的功能。

禪修的對象必須是內心的實際問題

在禪觀的凝視下，悲傷或不安、憤怒、激情會顯現它的本性——這種顯現能自然地帶來療癒與解脫。悲傷（或任何導致痛苦的事物）能做為從痛苦與折磨中解放的方法，就如用一根刺拔除另一根刺。我們該溫柔而充滿敬意地對待自己的不安、痛苦、憤怒與激情，不要排拒它，而是與它共處，跟它和解，藉著禪觀緣起而契入它的本性。

一個人很快就能學到如何選擇適合當下情境的禪修主題。所有禪修的主題，像緣起、慈悲、自我、空性、無執著等，都能展露實相並帶來療癒。

不論如何，禪觀這些主題要有所成，必須擁有相當的定力。而要獲得這種定力，就要靠日常生活中的正念修習，也

就是觀察、辨識所有當下發生的事。

但是，禪修的對象，必須是真的深植於你內心的實際問題，而非僅僅是哲學思辨的主題。

每一個主題，都該像是必須長時間烹煮的食物，我們把它放在鍋中，蓋上鍋蓋，然後點火。鍋子就是我們自己，而用來烹煮食物所需的熱能，則是我們的定力。燃料則來自持續不斷地修習正念，沒有足夠的熱能，食物就無法煮熟。但是一旦煮熟了，食物就會彰顯它的本性，並幫助、引導我們邁向解脫。

4 水更清，草更綠

佛陀曾說，生死的問題本身就是正念的問題。一個人究竟是生是死，就看他有沒有保持正念。

修習正念，照顧好自己

在《南傳相應部》經典中，佛陀說了個發生在小村莊的故事：

> 一位知名的舞蹈家來到小村莊，村民蜂擁到街道上想一睹風采。在此同時，一名罪犯被命令拿著滿滿一碗的油穿越村莊。他必須全神貫注保持碗平穩，因為只要有一滴油從碗裡潑到地上，緊跟在他身後的士兵就會抽出劍來砍掉他的頭。故事講到這裡時，釋迦牟尼佛問道：「現在，你認為這囚犯能不能只專注於這只裝油的碗，而不心思游移，去偷瞄鎮上的那名舞蹈家呢？街上的村民那麼騷動，當中任何一個人可能隨時會撞到他，他會不會去看這些人呢？」

還有一次，釋迦牟尼佛講了另一個故事，讓我突然領悟自己修習正念的殊勝重要性，也就是保護和照顧好自己，而不要去注意其他人是怎樣照顧他們自己的。「不照顧自己的心

念，而只在意別人這樣或那樣」是一種心的習氣，會導致忿恨或不安。釋迦牟尼佛說：

從前有一對雜技藝人，老師是個窮鰥夫，徒弟是個小女孩美達。他們在街頭表演，好掙錢餬口。他們的表演道具是根長竹竿，老師把竹竿豎在頭上並保持平衡，小女孩則順著竹竿緩緩爬到頂端。老師繞行走路時，小女孩則保持不動。

他們兩個都必須全神貫注、保持完美的平衡，以防發生事故。一天，老師教學生：「聽著，美達！我以後會看著妳，而妳也要看著我，這樣我們就能幫助對方保持專注和平衡，以免發生意外。這樣，我們肯定能賺到足夠吃的東西。」但是小女孩很聰明，她回答：「親愛的老師！我想我們最好各自顧好自己，各自顧好自己也就是顧好我們倆兒。這樣我能肯定我們不會出事，並掙足吃飯錢。」

佛陀說：「這個孩子說得對。」

在一個家庭裡，如果有一個人修習正念，全家都會變得比較正念分明。因為這個活在正念中的家庭成員的存在，會提醒全家人活在正念中。假如一個班級裡有個學生活在正念中，那麼整個班級都會受影響。

佛陀的女兒
蒂帕嬤

作者／艾美・史密特 (Amy Schmidt)
譯者／周和君、江涵芠
定價／320元

～AMAZON百位讀者5星好評～
中文版長銷20年，累銷上萬本

無論我們內心有多麼失落，對這個世界有多麼絕望，不論我們身在何處，蒂帕嬤面對曲折命運的態度，一次又一次地展現了人性的美善與韌性，療癒了許多在悲傷憤怒中枯萎沉淪的生命，更重要的是，她從不放棄在禪修旅程中引導我們走向解脫證悟。

祖靈的女兒

排灣族女巫包惠玲Mamauwan的成巫之路，與守護部落的療癒力量

口述／包惠玲（嬤芼灣Mamauwan）
撰文／張菁芳
定價／460元

★ 要成為女巫，需要有特殊的能力和身分？還是有心就能學會？

★ 女巫究竟是怪力亂神？還是鞏固、療癒部落的中心支柱？

包惠玲自從小時候目睹父親溺水身亡，便發現自己具有容易感知及接收夢兆的靈媒體質。二〇〇七年達仁鄉公所破天荒地開辦了全台第一屆「女巫培訓班」，讓她開始了這條漫長的習巫之路……

背誦經文、繁雜的祭儀程序、被附身的恐懼皆讓包惠玲在這條學巫之路舉步維艱，但秉持著頭目本家的責任感，和看著部落面臨女巫短缺的困境，她終究還是接下首席女巫的大任。

延伸閱讀

風是我的母親
一位印第安薩滿巫醫的傳奇與智慧
定價／350元

祖先療癒
連結先人的愛與智慧，解決個人、家庭的生命困境，活出無數世代的美好富足！
定價／550元

在和平服務團裡，我們必須遵守同樣的守則。如果身邊的人沒盡力，別煩惱，只要掛慮怎麼樣讓自己做得出色即可。自己盡全力，就是提醒身邊的人盡最大的努力。無論如何，要能有貢獻，就要持續地修習正念。這是毫無疑問的。

只有藉著修習正念，我們才不會迷失自己，而能獲致光明的喜悅與平和。只有藉著修習正念，我們才能以開放之心和慈悲之眼看待任何人。

以正念灌溉，水青草綠

剛剛我受一位朋友之邀到樓下喝杯茶，那位朋友名叫克莉絲坦，來自荷蘭，經常協助我們工作。在她住的公寓裡有架鋼琴。當克莉絲坦倒茶給我時，我看著她那堆工作說：「能不能停一下，為我彈一段鋼琴，待會兒再翻譯孤兒救助申請書？」克莉絲坦很高興地暫時放下工作，坐在鋼琴前彈了一首她自幼就熟悉的蕭邦選曲。

這首作品有數小節很輕柔且富旋律性，但其他段則喧囂急促。她的狗本來趴在茶桌下，當音樂變得激昂時，牠就開始吠叫且嗚嗚哀鳴。我知道牠覺得不舒服，想要音樂停下來。

克莉絲坦的狗一直像小孩般受人寵愛著，而且可能比大多數的小孩對音樂更敏感。牠會如此反應，或許也是因為牠的耳朵能接收人類聽不到的頻率。克莉絲坦試著邊安撫這隻

狗，邊繼續彈琴，但是無濟於事。

　　她結束這段曲子，轉而彈奏莫札特一首輕快和諧的曲子。現在狗兒只是安靜地躺著，顯得很平和。克莉絲坦彈完曲子後，到我身邊坐下說：「通常就算我彈蕭邦最輕柔的曲子，這隻狗也會跑來抓住我的褲管，試著強迫我離開鋼琴。有時候我得把牠趕到門外才能繼續彈，但是只要我彈巴哈或莫札特的曲子，牠都很平靜。」

　　克莉絲坦提到有報告指出，在加拿大，人們試著在夜間為植物彈奏莫札特的作品，結果植物長得比平常還快，花兒還會往有音樂的方向生長。還有人每天在小麥及黑麥田中彈莫札特的曲子，結果這些田中的小麥和黑麥長得比別的田快。

　　當克莉絲坦這麼說時，我想到了會議室。人們在裡頭爭辯不休，憤怒和非難之辭你來我往。如果有人把鮮花和植物放在這樣的房間裡，它們很可能會停止生長。

　　我又想到一座花園，它是由活在正念中的出家人所照管。他的花兒總是清新鮮翠，被他從正念中流湧出來的平和與喜悅滋養灌溉著。有一位古人這麼說過：

　　　聖人出，川水清，草葉碧。

　　在每個會議或討論開始時，我們都該聽聽音樂或靜坐，並修習呼吸。

第七章　｜三個絕妙答案

1 皇帝的三個問題

結束前，讓我再講一次托爾斯泰（Leo Tolstoy）寫的一個小故事，這故事是關於皇帝的三個問題。托爾斯泰不知道這位皇帝的名字……

皇帝的三個問題

一天，有個皇帝想到，只要他知道三個問題的答案，行事就不會再有差錯了。

做每件事的最佳時機為何？
與你共事最重要的人是誰？
在任何時候，要做的最重要的事是什麼？

皇帝下令遍貼公告，聲明如果有人能回答以上問題，就能得到重賞。許多人讀了公告之後馬上趕到皇宮，每個人都給了不同的答案。

有人對第一個問題的建議是，皇帝得訂出一個時間表，將每年、每月、每天、每個小時該做的事都規畫好，然後再照表操課。只有這樣，皇帝才能在對的時間做對的事。

另一個人認為，事先就計畫好所有事是不可能的，皇帝應

該把無謂的休閒娛樂放在一邊，且對每一件事保持關注，這樣才能知道什麼時候該做什麼事。

還有人堅持說，皇帝若光靠自己，不可能有足夠的先見和能力去決定什麼時候做什麼事，因此皇帝必須設立一個智囊團，依照智囊團的忠告行事。

有人則說，有些事必須立即決定，沒時間等大家商量；但是如果皇帝想預先知道會發生什麼事，那就應該詢問術士和預言師。

第二個問題的答案也是眾說紛紜。

有人說皇帝應完全信任臣子；有人則認為該信賴神父和法師；還有人認為應該相信醫生；也有人對武士充滿信心。

眾人對第三個問題的答案也沒有共識。

有些人說最該追求的事是科學；有些人堅持說是宗教；還有人主張軍事技術。

皇帝對每個答案都不滿意，一分賞賜都沒給。

探訪隱士，尋求答案

在沉思好幾個晚上之後，皇帝決定去拜訪一位住在山上，據說已經開悟的隱士。皇帝希望能找到隱士問他那三個問題，雖然他知道這隱士從不離開山上，而且只見窮人，不願與權貴之士有任何往來。所以，皇帝裝扮成窮農夫，要他的

侍從在山下等他，而獨自登山去找那位隱士。

到達這位聖者居住的地方後，皇帝發現那隱士正在小屋前的菜園翻土。當他看到有陌生人到來，只是點頭致意一下，就繼續埋首翻土。這活兒對他來說顯然很吃力。他很老了，每次把鏟子戳進地面，再把土翻上來，都會上氣不接下氣。

皇帝走近他，說道：「我到這兒來，是想問你三個問題：做每件事的最佳時機為何？與你共事最重要的人是誰？在任何時候，要做的最重要的事是什麼？」

這位隱士注意地聽著，但他只拍拍皇帝的肩膀，然後就繼續翻土。皇帝說：「你一定累了。來吧！讓我幫幫你。」隱士謝過他，把鏟子交給皇帝，就坐在地上休息。

翻了兩排土之後，皇帝停下來轉向隱士，重覆他的三個問題。隱士仍然不回答，只是站起來指著鏟子說：「你怎麼不休息一下？我現在可以接手了。」但皇帝繼續翻土；一個小時過去了，兩個小時過去了。

最後，太陽開始下山。皇帝終於放下鏟子，對隱士說：「我到這兒來，是要看你能否回答我的三個問題，但是你卻不給我任何答案。請告訴我答案，我好回去。」

殺手的懺悔

隱士抬起頭問皇帝：「你有沒有聽到那邊有人在跑？」

皇帝轉過頭，他們兩個看到林間有個蓄白色長鬚的男人，他手按著肚子上流血的傷口狂奔，向著皇帝跑來，卻神志不清，跌倒在地，痛苦地呻吟。皇帝和隱士掀開男人的衣服，看到男人有個被砍得很深的傷口，皇帝很仔細地清洗男子的傷口，並拿自己的衣服去包紮，但血還是在幾分鐘內就浸透了衣服。皇帝把衣服沖洗乾淨，再次包紮傷口，這樣反覆了好幾次，血才止住了。

最後，這個受傷的男人恢復意識，向他們要了一杯水喝。皇帝跑下河邊，帶回一壺乾淨的水。那時，太陽已經完全下山，開始變冷。隱士幫忙皇帝將那人扶到小屋裡，讓他躺在床上。那個人閉上眼睛，安靜地躺著。皇帝在這又是爬坡、又是翻土的漫長一天後累壞了，倚著門就睡著了。

他醒來時，太陽已經升上山頭。他一時忘了自己身在何處、又爲什麼來到這裡。他往床那邊看去，看到受傷的那個男子也正慌亂地看著他。當那個人與皇帝四目交接，他定定地凝視皇帝，輕輕地低聲說道：「請原諒我。」

「你做了什麼，要我原諒你？」皇帝問。

「你不認識我，陛下！但是我認識你。我是你的死敵，而且我立誓要復仇，因爲在上次那場戰役中，你殺了我兄弟，又搶走我的財產。當我知道你獨自來這座山找隱士，我決定在你回程的路上突襲你、殺死你。但我等了很久都沒看見你的蹤跡，就離開埋伏的地方想找到你。可是我沒找到你，倒

是先碰見你的侍從們，他們認出我而砍傷了我。很幸運地，我逃走了，一直跑到這兒來。如果我沒碰見你，現在一定死了；我本來想殺你，你卻反過來救了我！我說不出心中的羞愧和感激。如果我活著，我發誓餘生都做你的奴僕，而且我要子子孫孫都這樣侍候你。請饒恕我吧！」

最重要的時刻就是「現在」

皇帝非常高興這麼容易就與宿敵和解。他不但原諒這男人，許諾將他所有的財產還給他，還派遣御醫和僕人去醫護這男人，直到他康復。命令侍從護送男人回家後，皇帝回去見隱士。他想在回宮前，最後一次問隱士那三個問題。他發現隱士正在昨天翻土過的地上灑種子。

隱士站起來看著皇帝。「但是你的問題已經有答案了。」

「怎麼說？」皇帝困惑地問。

「昨天，如果你沒有同情我年老，幫我翻土的話，你早就在回去的路上被那個人攻擊了，然後，你就會後悔怎麼不留下來跟我在一起。

「因此，最重要的時候就是你在翻土時，最重要的人就是我，最重要的事就是幫我。之後，當那受傷的男人跑到這兒來，最重要的時候就是你照料他傷口時，因為要是你沒有照料他，他就會死，而你也會失去與他和解的機會，因此，他

是最重要的人，而最重要的事就是照料他的傷口。

「記住，最重要的時候永遠只有一個，那就是『現在』。『現在』是我們唯一能主導的時間，最重要的人永遠就是那個當下和你在一起、在你面前的人，因為誰也不知道將來你是否還會和別人共處。最重要的事，就是讓你身旁的人快樂，因為這就是人生所追求的。」

為自己身邊的人而活

托爾斯泰寫的這個故事，很像佛經裡的一個故事，不遜於任何神聖的經文。我們會談到社會服務、為人民服務、為人類服務、為遠方的人服務、為世界和平盡力，但是我們經常忘記，我們首先要為自己身邊的人而活。

如果你不能為你的妻子或丈夫、孩子、父母服務，你要怎麼服務社會？如果你無法讓自己的孩子快樂，你怎麼能期望讓別人快樂？如果我們在和平運動和服務團體的朋友不能互相愛護幫忙，我們能愛護幫助誰？我們是為了人類工作，還是只是為了組織的名字工作呢？

2 爲誰服務？

爲和平而服務，爲任何需要的人服務，「服務」的範圍無所不包。

讓我們先回到較一般的範圍：我們的家庭、同班同學、朋友、社區。我們必須爲了他們而活；因爲要是我們不爲他們而活，我們要爲誰而活？

托爾斯泰是一位聖徒——我們佛教徒會稱他爲「菩薩」。但是，皇帝自己能夠看到生命的意義和方向嗎？

我們要如何活在當下，在此刻與周遭的人一起活在當下，幫他們減輕痛苦，讓他們過得快樂點？到底要怎麼做？

答案是：我們必須修持正念。

托爾斯泰給的原則看起來很簡單，但是我們若想要付諸實踐，就得藉助正念的方法，去尋找這條道路。

我爲了方便我們的朋友運用而寫下這些，有許多人雖然曾寫下這些道理，卻沒有親身實踐它們，但是我只寫下我所實際經驗、體會到的事。我希望你和你的朋友在求道——回歸之道時，會覺得這本書有點用處。

第八章

32個正念的練習

這裡有些我經常使用的禪修練習和方法，我會依不同的狀況和當下的喜好擇一運用。選個你最喜歡且最適合你的，每個方法有效與否，視個人特定的需求而有所不同。雖然這些練習相對來說很簡單，卻是要成就所有事物的基礎。

| 1 |
早晨醒來時，輕輕地微笑

在天花板或牆上掛一根樹枝或其他標示，甚至是
「笑」這個字，好讓你一張開眼就能看到。這個標
示有提醒你的功用。

利用起身前的片刻掌握好呼吸，輕輕地吸進並吐出
三口氣，同時輕輕地微笑。

隨順你的呼吸。

| 2 |
閒暇時，輕輕地微笑

不管在任何地方坐著或站著，記得輕輕地微笑。

看著一個小孩、一片葉子、一幅牆上的畫，或任何
其他相對來說的靜物，保持微笑。

安靜地吸氣及吐氣三次。輕輕地微笑，將你專注的
所在處視為你的真實自性。

| 3 |
聽音樂時，輕輕地微笑

聽一段音樂，聽上兩、三分鐘。

專注在歌詞、曲調、旋律與音樂情境上。

注意你的呼吸，輕輕地微笑。

| **4** |
發怒時，輕輕地微笑

當你意識到自己在發怒，立刻輕輕地微笑。

安靜地吸氣、吐氣三次，保持微笑。

| 5 |
平躺，全身放鬆

背部平躺，不要用褥墊或枕頭支撐。

雙臂放鬆，平放在身體兩側，雙腳微微張開，向外
舒展。

輕輕地微笑。

輕輕地吸氣、吐氣，專注於你的呼吸。

放鬆全身肌肉。放鬆每一塊肌肉，就好像它正要沉
到地底下，或像懸掛在微風中的一疋絲綢那般柔順。

完全地放鬆，只要專注於自己的呼吸和微笑。

把自己想成一隻貓，全身軟綿綿地躺在溫暖的爐火
前。當貓的筋肉鬆弛下來，任何人的撫觸，牠都不
會抗拒。

持續呼吸十五次。

| **6** |
坐姿放鬆

全跏趺坐或半跏趺坐,或雙腿交叉而坐(印第安式
坐姿),或跪坐(日式坐姿),甚至坐到椅子上,
兩腳著地。

輕輕地微笑。

吸氣及呼氣,保持微笑。

放鬆。

| 7 |
深呼吸

背部平躺。

平穩輕柔地呼吸，把注意力集中在胃部的高低起伏。

當你開始吸氣時，讓腹部鼓起，好將空氣帶進下肺部。

當上肺部開始充滿空氣時，你的胸腔會開始鼓起，腹部則會縮下去。

不要讓自己累著了。

像這樣繼續練習呼吸十次。

一般來說，呼氣會比吸氣來得久些。

| 8 |
用腳步測量呼吸

緩慢悠閒地散散步，不論是在花園裡、沿著河或在
鄉村小徑上都好。

像平常那樣呼吸。用腳步數來測量呼吸的長度——
呼氣和吸氣的時間。

像這樣繼續幾分鐘後，開始藉著多數一步來拉長呼
氣，試著拉長呼氣時間。

不要強迫自己拉長吸氣，自然就好。用心觀察，看看
自己是否會想刻意拉長吸氣。像這樣繼續呼吸十次。

現在，再多數一步來拉長呼氣。

注意吸氣是否也因為多走一步而拉長，只有在覺得
拉長吸氣會帶來喜樂時，才拉長吸氣。

像這樣呼吸二十次，就恢復平常的呼吸。

五分鐘後，可以再開始拉長呼吸的練習。

覺得有點疲倦了，就回復平常的呼吸。

反覆幾次拉長呼吸的訓練後，呼氣和吸氣的時間會漸漸變得相等。

不要練太久，練習吸呼時間相等十到二十次就好，然後就回復到平常的呼吸。

| 9 |
數呼吸

全跏趺坐或半跏趺坐,或散散步。

吸氣時,要保持正念:「我正在吸氣,一。」

呼氣時,也要保持正念:「我正在呼氣,一。」

記得要從腹部呼吸。

開始第二次吸氣時,要保持正念:「我正在吸氣,二。」然後慢慢呼氣,同樣保持正念:「我正在呼氣,二。」

像這樣一直數到「十」,然後再從「一」開始數起。

只要數錯或忘了數,就回到「一」重新開始。

|10|
聽音樂時，隨順你的呼吸

聽一段音樂。

深長地、輕柔地、平穩地呼吸。

隨順你的呼吸，但做它的主人，同時對音樂的旋律
與情境保持覺知。

不要迷失在音樂中，要繼續做你的呼吸和自己的主人。

|11|
談話時,隨順你的呼吸

深長地、輕柔地、平穩地呼吸。

在聽朋友說話以及自己的回答時,隨順你的呼吸。

就像聽音樂時那樣繼續練習。

|12|
隨順你的呼吸

全跏趺坐或半跏趺坐，或散散步。

（從腹部）輕緩而平常地吸氣，並保持正念：「我正像平常那樣地吸氣。」

呼氣時，同樣也保持正念：「我正像平常那樣地呼氣。」
像這樣繼續呼吸三次。

在第四次呼吸時，拉長吸氣，並保持正念：「我正深深地吸進一口氣。」保持正念地呼氣：「我正深深地呼出一口氣。」

繼續呼吸三次。

現在，用心地隨順你的呼吸，覺知你的腹部和肺部的每一個動作。

跟著氣息的出入。保持正念：「我正在吸氣，並自始至終都跟隨著我的吸氣。我正在呼氣，並自始至

終都跟隨著我的呼氣。」

像這樣繼續呼吸二十次。再回到平常的呼吸。
五分鐘後，重覆方才的練習。

記得呼吸時要保持微笑。

一旦你能掌握這個練習，就可以繼續下一個練習。

|13|
運用呼吸，靜定身心以知喜

全跏趺坐或半跏趺坐。

輕輕地微笑。

隨順你的呼吸。

當你的身心都安靜下來，繼續非常輕柔地呼吸，並
保持正念：「我正在吸氣，讓整個呼吸輕盈、平
和。我正在呼氣，讓整個呼吸輕盈、平和。」

像這樣持續呼吸三次，在正念中生起這樣的想法：
「我正在吸氣，讓全身輕盈、平靜、喜悅。」

繼續呼吸三次，並在正念中浮現這樣的想法：「我
正在吸氣，我的身心都平靜、喜悅。我正在呼氣，
而我的身心都平靜、喜悅。」

在正念中維持這樣的想法五到三十分鐘，或一個小
時都可以；這要看你的狀況和你有多少時間而定。

練習開始和結束，都保持放鬆且輕柔。

如果你想停止練習，先用雙手輕柔地按摩雙眼、臉頰與腿上的肌肉，再回到平常的坐姿。

稍等片刻，再站起來。

|14|
對身體的姿勢保持正念

這個方法可以在任何時間、任何地點練習。

先專注於呼吸上,比平常安靜且深長地呼吸。

不論你在走路、站立、躺臥或坐著時,都對身體的
姿勢保持正念。

要知道你在哪裡走路;知道你站在哪裡;知道躺臥
在哪兒;知道坐在哪兒。

對你的身體為什麼處於這種姿勢,保持正念。

舉例來說,覺察到你之所以站在山丘上,是為了讓
自己恢復精力,還是為了練習呼吸,或就只是為了
站著。

假如你沒任何目的,也要清楚觀照自己並沒有任何
目的。

|15|
泡茶時，保持正念

準備一壺茶款待客人，或泡給自己喝。

在正念中，緩緩地進行每個動作。

不要失去正念，而讓任何一個最細微的動作滑了過去，心中要了了分明。

了知你的手正握住茶壺把手，提起茶壺。

了知你將清香暖熱的茶汁，倒入杯中。

每一個步驟都要在正念中進行。

比平常更輕且更深地呼吸。

如果你的心散亂了，就先看好自己的呼吸。

|16|
在正念中洗碗

輕鬆地洗碗，就好像每個碗都是你觀照的對象。

把每個碗都看做是神聖的。

隨順你的呼吸，避免心思散亂。

不要想著快快結束這項工作。

把洗碗當成你生命中最重要的事情。

洗碗就是禪修。

如果你不能在正念中洗碗，那你也不可能在靜坐中禪修。

|17|
在正念中洗衣服

不要一次洗太多衣服。

只要挑出三或四件衣服來洗。

用最舒服的姿勢站著或坐著，以免背痛。

放鬆地搓洗衣服。

注意自己雙手、雙臂的每個動作，注意肥皂和水。

當你把衣服搓洗乾淨了，你的身心應該會感到像衣
服一樣乾淨清爽。

記住！只要你的心散亂，就保持微笑且看好呼吸。

|18|
全神貫注地打掃房子

將工作分成幾個步驟:清理東西;收整書籍;刷洗廁所;擦淨浴室;打掃地板;清除灰塵。

為每樣工作安排好相當充裕的時間。

動作要慢,比平常還慢三倍。

對每樣工作都全神貫注。

舉例來說,整理架上的書時,看著書,覺知它是哪本書,了知自己正要把它放在架上,想要把它放在哪個位置。

了知自己正伸手去搆書,並取下它。

避免任何突然或粗魯的動作。

對呼吸保持正念,特別是在心散亂的時候。

|19|
慢動作洗個澡

給自己三十到四十五分鐘洗個澡。

一秒也不要急。

從一開始準備熱水，到最後穿上乾淨的衣服，每個動作都要保持輕緩。

注意每個動作。把注意力放在身體每個部位上，不要有區別，也不要害怕。

對身上每一道水流保持正念。

在你洗完時，你的心應該會像身體那般輕盈、平和。

隨順你的呼吸。

想像自己身處於夏日潔淨清香的蓮花池中。

|20|
想像自己是一顆鵝卵石

靜靜地坐著並緩緩地呼吸時，將自己想像成是一顆
將沉落在清澈河流的鵝卵石。

下沉時，沒有任何目的引導你的動作，朝著河床柔
軟的沙地那完全的休憩處沉落。繼續禪觀那鵝卵
石，直到你的身心都得到完全的休息，就如那顆在
沙地上休憩的鵝卵石。

將這樣的平靜、喜悅持續半個小時，同時注意自己
的呼吸。

沒有任何關於過去或未來的念頭，能將你從當下的
平靜、喜悅中帶離。

宇宙就存在於當下。

沒有任何欲望能將你自此刻的喜悅中拉走，即使是
成佛或度眾生的大願都不能。了知到無論是要成佛
或度眾生，都必須以當下純淨的安詳為基礎，才能
實現。

|21|
正念日，做自己的主人

從一星期中抽出一天來，哪一天都好，只要能配合你的狀況。

忘掉你在其他天要做的工作，不要安排任何聚會，或接待任何朋友來訪。

只要做些簡單的工作，例如打掃房子、做飯、洗衣和清掃灰塵。

一旦房子整潔乾淨，東西也都各歸其位，就慢動作洗個澡。

之後，準備泡茶、喝茶。

你可能會讀讀經文或寫信給好朋友。

然後，散散步來練習呼吸。

在讀經或寫信時，都要保持正念，不要讓經文或信將你的心給牽引到其他地方去。

讀經時，要了知自己正在讀什麼；寫信時，了知自己正在寫什麼。

遵循同樣的步驟，就像你在聽音樂或和朋友聊天時所做的一樣。

傍晚時給自己準備清淡的一餐，也許只要一點水果，或一杯果汁就好。

睡前再靜坐一個小時。

在這一天，要散步兩次，每次半小時到四十五分鐘。

睡前別再讀任何書，而是練習徹底的放鬆五到十分鐘。

做你呼吸的主人。

閉上眼睛，輕柔地呼吸（但別呼吸得太長），並跟隨著你的腹部及胸腔的起伏上下。

在這一天的每個動作，都該比平常至少慢兩倍。

|22|
觀照組成自己的五蘊

找一張你年幼時的照片。

全跏趺坐或半跏趺坐。

開始隨順你的呼吸。

呼吸二十次後,開始專注於你眼前的這張照片。

回憶並再體驗拍攝這張照片時,組成當時的你的五
蘊:身體特徵(色)、感覺(受)、知覺(想)、
心的功能(行)與意識(識)。

繼續跟隨你的呼吸。

別讓記憶把你給吸引走或將你完全席捲。

像這樣禪修十五分鐘。

保持微笑。再將正念移轉到當下的自己。

覺察你此刻的身體、感覺、知覺、心的功能與意識，看看組成你的五蘊。

問自己：「我是誰？」把這個問題深植在心中，就像深埋一顆新生的種子在鬆軟的泥土中，並且澆水滋潤。

「我是誰？」這個問題，不該被視為一個得用推論性思惟去思索的抽象問題。

「我是誰？」這個問題，不可能藉著理性思考來回答，而只能以整個五蘊來面對。

別試著尋找一個理性的答案。

觀照十分鐘，保持輕緩但深長的呼吸，以避免被哲學性思考拉走。

|23|
觀照自己與宇宙

獨自坐在一間黑暗的房內，或夜裡獨坐在河岸邊，或任何能夠獨處的地方。

開始看好自己的呼吸。

生起這個念頭，「我將用手指指著自己，」然後指向相反的方向，而非指向自己的身體。

照見你自己外於你的色身而存在。

照見你的色身就在你前面——在樹間、草地上、葉縫中，在河裡。

清楚覺照到你就在宇宙中，而宇宙也在你之中：假如宇宙存在，你就存在；假如你存在，宇宙也就存在。

既無生，亦無死；既無來，也無去。

輕輕地微笑。

看好呼吸。

觀照十到二十分鐘。

|24|
觀照自己的骸骨

以你覺得舒服的姿勢躺在床上、墊子上或草地上，
不要用枕頭。

開始看好你的呼吸。

想像你全身只剩下一副白森森的骸骨，躺在地球表
面上。

輕輕地微笑，並繼續跟隨你的呼吸。

想像你所有的肌肉都腐爛、消散，只有骸骨躺在地
球上；想像你的骸骨已埋葬在地下，躺了八十年。

仔細觀察你的頭骨、脊椎骨、肋骨、髖骨、腿骨、
臂骨與手指骨。

保持微笑，極為輕柔地呼吸，心與大腦皆澄澈、寧
靜。

你會了解那副骸骨不是你，你的色身不是你。

你與其他生命合而為一，不朽地活在樹林與草地中，在其他人身上、在鳥獸間、在空中，也在海浪之間。

骸骨只是你的一部分，你無所不在，無時不在。你不僅是色身，甚至是受、想、行與識。

持續觀照二十到三十分鐘。

|25|
尋找你出生前的本來面目

全跏趺坐或半跏趺坐，跟隨你的呼吸。

集中注意力在你生命的起點——Ａ。

了知到那也是你死亡的起點。

了悟你的生命和死亡同時存在示現：「此」之所以存在，是因為有「彼」。如果「彼」不存在，也就不可能有「此」。

了悟到生命與死亡的存在，是相互依存的：其中一個是另一個的基礎。

了悟到你同時既是你的生，也是你的死，這兩者並不敵對，而是同一實相的兩面。

然後，專注在這雙重示現的結束點——Ｂ，它總被誤稱為「死亡」。

了悟到它乃是你生命示現的終點，也是你死亡示現

的終點。

了悟在 A 之前和 B 之後，其實沒有任何差別。

尋找你在 A 之前與 B 之後的本來面目。

|26|
觀照一位逝去的摯愛

以你覺得舒服的姿勢坐在椅子上或躺在床上。

開始看好自己的呼吸。

觀照一位逝去的摯愛，不論他走了幾個月或幾年。

清楚地了知到他全身的筋肉都已經腐化，只剩下一副骸骨靜靜地躺在地下。

清楚地了知到你自己的筋肉仍在這兒，仍在你的身上，仍然有色、受、想、行、識這五蘊的聚合。

想想你和這個人過往與如今的互動。輕輕地微笑，並看好呼吸。

像這樣觀照十五分鐘。

|27|
了悟五蘊皆空

全跏趺坐或半跏趺坐。

開始調整你的呼吸。

觀照五蘊（色、受、行、想、識）和合中的空性。

逐一思惟五蘊中的每一蘊；要了悟一切都在變化，
既是無常，也是無我的。

五蘊的和合就如所有現象的聚合，都依循著相互依
存的法則。

它們的聚合與解離，就如山頂雲霧的聚集與消散，
既不要執著，也不要否認五蘊。

要了知，「喜歡」或「厭惡」都是現象，屬於五蘊
的和合。

清楚了悟五蘊是空的，是無我的；但它們也都是絕
妙非凡的存在，就像宇宙中所有的現象，或存在任

何地方的生命一樣奇妙。

試著了悟五蘊並沒有真的歷經生滅，因為它們本身就是終極實相。

藉著這個觀照，試著了悟無常是一個概念，無我是一個概念，空性也是一個概念，你就不會被無常、無我和空性的概念所囚禁。

你將看到空性也是空的，而空性的究竟實相與五蘊的究竟實相，其實並無差別。

（修行者必須徹底練好前面五個練習後，才能做這項練習。練習時間視個人而定，可能是一小時，也可能是兩小時。）

|28|
慈悲地觀照你最恨的人

靜靜地坐著。

呼吸，輕輕地微笑。

觀照那個最讓你受苦的人的影像，觀想他讓你最恨、最輕視或最厭惡的特質。

試著檢視這個人的日常生活中，什麼會讓他快樂，什麼又會折磨他。

觀照這個人的「想」；試著看透這個人依循何種思考模式與推理方式。

檢視這個人希望與行動的動機是什麼。

最後，思惟這個人的「識」。

看看他的觀點與知見是否開闊自由，是否被任何偏見、狹隘心胸、憎恨或憤怒所影響。

看看他是否是自己的主人。

像這樣繼續下去，直到你感到慈悲在你心底生起，
猶如一口充滿了清新之水的井，而你的憤怒與怨恨
已然消散。

對同樣的人，反覆地做這項練習。

|29|
觀照他人的痛苦，生起慈悲

全跏趺坐或半跏趺坐。

開始隨順你的呼吸。

選一個就你所知最痛苦的人或最痛苦的家庭，或最痛苦的一個社團的情形，做為你觀照的主題。

以個人為觀照的主題時，儘量看出那個人正在經歷的一切痛苦。從色身的痛苦（疾病、貧困、身體的疼痛）開始。之後，開始思惟由「受」所造成的痛苦（內在的矛盾衝突、恐懼、仇恨、嫉妒與內疚）。然後，再看看由「想」所造成的痛苦（悲觀、以陰鬱狹隘的心態，思惟所面臨的問題）。看看他的「行」，是否被恐懼、失望、絕望或仇恨所驅使。看看他的「識」，是否因為他的處境、煩惱、他周遭的人、他所受的教育、宣導，或缺乏自制而封閉起來。

禪觀這些痛苦，直到你的心生起像一股清泉般的慈悲，直到你能了悟那個人是因為環境與愚癡而在受

苦。你決定儘可能用最安靜、最謙遜的方式,去幫助那個人脫離當前的困境。

以家庭為觀照的主題時,仍遵循相同的方法。先觀照一個人的所有痛苦,然後再觀照另外一個人,直到你檢視整個家庭的痛苦。了悟他們的痛苦就是你自己的痛苦,你不可能譴責這群人中的任何一個人,你必須儘可能以最安靜、最謙遜的方式,幫助他們從當下的困境中解脫。

以社團為觀照的主題時,可以拿一個國家的情形當例子,而這個國家正飽受戰爭或其他不公、不義現象而引起的痛苦。儘量了悟每個捲入這場鬥爭的人都是犧牲品,沒有人希望痛苦繼續下去,包括那些彼此鬥爭的黨派,或看起來相互對立的兩造。了悟並非只有某個人或少數幾個人,要為這種情形而遭受譴責。

了悟這種情形之所以存在,乃是因為執著於意識形態,執著於一個缺乏公義的世界經濟體系,而這個體系之所以屹立不搖,是因為每個人的愚癡和缺乏改變它的決心。了悟衝突的雙方並非真的對立,而只是同一實相的兩個面向。看出最重要的事就是生命,互相殺戮和彼此壓迫並不能解決任何問題。

記住《維摩詰所説經》① 中的話：

劫中有刀兵，
為之起慈悲。
化彼諸眾生，
令住無諍地。
若有大戰陣，
立之以等力。
菩薩現威勢，
降服使和安。

持續禪觀，直到一切責備和仇恨都消失，直到慈悲
與愛像一股清泉在你心中生起。發誓儘可能以最安
靜、最謙遜的方式，為覺知與和解而工作。

|30|
以「無住行」的精神工作

全跏趺坐或半跏趺坐。

隨順你的呼吸。

取一個鄉村發展計畫或任何你覺得重要的計畫，做
為你觀照的主題。檢視這項計畫的目的、即將運用
的方法，以及與它相關的人。首先思惟這項計畫的
目的。

了悟這項工作志在服務，在減輕他人痛苦，在生慈
悲心，而非滿足受讚美或被認同的欲望。接著，了
悟這個計畫所使用的方法，是在鼓勵人與人之間的
合作，別將這個計畫視為一種施捨的舉動。最後，
思惟與這計畫相關的人。

你還在用誰在奉獻、誰在獲益的角度來看這件事
嗎？如果你仍然對誰是服務者、誰是獲益者而有所
區別，你是為了你和其他服務者而工作，而不是為
了服務而服務。

《金剛經》② 説：

如是滅度無量無數無邊眾生，實無眾生得滅度者。

決心要以「無住行」的精神工作。

|31|
以緣起觀來觀照人生的成就

全跏趺坐或半跏趺坐。

隨順你的呼吸。

回憶你人生中重大的成就，逐一檢視它們。檢視引導你邁向成功的才華、品格、能力以及其他有利的條件。

你認為成功的最主要原因是自己，並因而感到自滿和傲慢，檢視這兩種情緒。以緣起觀來觀照這整件事，看出你以為的成就並非真屬於你自己，而是屬於非你所能掌控的各種因緣條件的和合。
觀照到這點，你就不會再執著於這些成就。只有當你能捨棄它們時，你才是真的自由了，不再被它們所困擾。

回憶你生命中最痛苦的挫敗，逐一檢視它們。檢視你的才華、品格、能力，以及其他導致你挫敗的不利條件。

檢視你心中覺得自己無能成功所湧出的複雜情緒，以緣起觀來觀照這整件事，了悟你之所以挫敗，並非因為你無能，而是因為缺少有利的因緣條件。了悟你根本無能為力去承擔這些挫敗，了悟這些挫敗並非你個人的事。

了悟到這點，你就能自其中解脫。只有當你能捨棄它們時，你才真的自由了，不再受它們干擾。

|32|
不受限於緣起法，也不背離它

全跏趺坐或半跏趺坐。

隨順你的呼吸。

運用緣起觀的一種練習：觀你自己、觀你的骸骨，或觀逝去的摯愛。

了悟一切事物皆無常，沒有永恆的實體。

了悟雖然事物無常，沒有永恆的實體，然而它們卻絕妙非凡。

當你不再受所有的因緣條件束縛，也就不再受非因緣條件的東西所束縛。

看看聖人，雖然不受限於緣起的教法，卻也不背離它；雖然能將這個教法猶如一堆灰燼般地丟棄，卻也能常安住其中，而不被它所淹沒，猶如水上行舟一般。

一直觀照，直到你了悟，悟道者不會被救度眾生的
工作所奴役，但也永遠不會放棄救度眾生的工作。

譯註

①《維摩詰所說經》：又稱《維摩詰經》，是屬於初期大乘佛教的經典。現存的漢譯本有三種，其中流行的是鳩摩羅什的譯本，共三卷。該經主角維摩詰精通大乘佛法，經中維摩詰示現生病，引來佛弟子和菩薩的探望。在病榻前透過幽默、精采的辯論，批評當時流行的各種佛教思想，再配合不可思議的神通，深刻而有趣地闡述「不二法門」，是中國與印度最流行的佛教經典之一。

②《金剛經》：全名《金剛般若波羅密多經》，現存有六種漢譯本，以鳩摩羅什的譯本最流行，內容主要在闡明般若空義。現行流通本分為三十二章，為梁昭明太子所分。在般若經典中，《金剛經》流行程度僅次於《心經》，禪宗從五祖弘忍以來特別重視此經。

附錄

一

佛經選讀

正念的基礎：《大念處經》 ①

出處：巴利經典《長部》第 22 經

　　我是這樣聽說的：有一次，世尊在拘樓國劍磨瑟達磨城中，與拘樓人在一起。當時，世尊對比丘們說：「比丘們！」比丘們回答：「世尊！」世尊接著說了以下的開示：

　　比丘們！只有一條道路可以使眾生清淨，克服愁嘆，滅除苦憂，獲得正道，體證涅槃，這條道路就是四念處。是哪四個念處呢？

　　比丘們！比丘就身體觀察身體，精勤、正念、正知，去除對身心世界的貪欲和憂惱；就感受觀察感受，精勤、正念、正知，去除對身心世界的貪欲和憂惱；就心觀察心，精勤、正念、正知，去除對身心世界的貪欲和憂惱；就諸法觀察諸法，精勤、正念、正知，去除對身心世界的貪欲和憂惱。

一、觀身念處

（一）入出息念

　　比丘們！比丘如何就身體觀察身體呢？

　　比丘們！比丘到森林中，或到樹下，或到隱僻無人之處，盤腿而坐，端正身體，把注意力放在嘴巴周圍的區域，保持

覺知,覺知呼吸時氣息的出入情況。入息長時,他清楚了知:「我入息長」;入息短時,他清楚了知:「我入息短」;出息長時,他清楚了知:「我出息長」;出息短時,他清楚了知:「我出息短」。他如此訓練自己:「我當感受(息之)全身,而入息」;他如此訓練自己:「我當感受(息之)全身,而出息」;他如此訓練自己:「我當寂止身行,而入息」;他如此訓練自己:「我當寂止身行,而出息」。

比丘們!就像技術熟練的木匠或他的徒弟,當他鋸木做一次長拉鋸的時候,清楚了知:「我做了一次長拉鋸」;當做一次短的拉鋸時,他清楚了知:「我做了一次短拉鋸」。

比丘們!就像這樣,比丘入息長時,他清楚了知:「我入息長」;入息短時,他清楚了知:「我入息短」;出息長時,他清楚了知:「我出息長」;出息短時,他清楚了知:「我出息短」。他如此訓練自己:「我當感受(息之)全身,而入息」;他如此訓練自己:「我當感受(息之)全身,而出息」;他如此訓練自己:「我當寂止身行,而入息」;他如此訓練自己:「我當寂止身行,而出息」。

於是他就身體內部觀察身體,就身體外部觀察身體,同時就身體內部、外部觀察身體。因此,他觀察身體當中不斷生起的現象,他觀察身體當中不斷滅去的現象,他同時觀察身體當中不斷生起、滅去的現象。

於是他清楚覺知:「這是身體!」修成了只有正念與覺照的

境界，超越執著，不再貪著身心世界的任何事物。

比丘們！這就是比丘如何就身體觀察身體。

（二）觀姿勢

又，比丘們！比丘在走路時，他清楚了知：「我正在走路」；在站立時，他清楚了知：「我正站立著」；在坐著時，他清楚了知：「我正坐著」；在躺著時，他清楚了知：「我正躺著」。無論何種姿勢，他都清楚了知。

於是他就身體內部觀察身體，就身體外部觀察身體，同時就身體內部、外部觀察身體。因此，他觀察身體當中不斷生起的現象，他觀察身體當中不斷滅去的現象，他同時觀察身體當中不斷生起、滅去的現象。

於是他清楚覺知：「這是身體！」修成了只有正念與覺照的境界，超越執著，不再貪著身心世界的任何事物。比丘們！這就是比丘如何就身體觀察身體。

（三）正知

又，比丘們！當比丘來回行走時，以正知而行；當他前瞻或旁觀時，以正知而行；當他彎下身體或伸展身體時，以正知而行；當他搭衣、持缽時，以正知而行；當他在吃、喝、咀嚼或嘗味時，以正知而行；當他大小便時，以正知而行；當他行走、站立、坐臥、醒覺、說話或沉默時，以正知而行。

於是他就身體內部觀察身體，就身體外部觀察身體，同時就身體內部、外部觀察身體。因此，他觀察身體當中不斷生起的現象，他觀察身體當中不斷滅去的現象，他同時觀察身體當中不斷生起、滅去的現象。於是他清楚覺知：「這是身體！」修成了只有正念與覺照的境界，超越執著，不再貪著身心世界的任何事物。比丘們！這就是比丘如何就身體觀察身體。

（四）思惟不淨

又，比丘們！比丘仔細思考這身體，自腳底而上，自頭髮而下，皮膚所覆蓋的都是充滿種種不淨，他這麼想：「在這身體中，有頭髮、膚毛、指甲、牙齒、皮膚、肌肉、筋腱、骨、髓、腎臟、心臟、肝臟、肋膜、脾臟、肺臟、腸、腸間膜、胃中物、糞便、腦、膽汁、痰、膿、血、汗、脂肪、眼淚、皮脂、唾液、鼻涕、關節液、尿水。」

就好像有一只兩個口的糧袋，裡面裝滿各種的豆穀，諸如：稻米、糙米、綠豆、豌豆、芝麻、白米；而且就如同有位能分辨這些豆穀的人，當他打開這只袋子時，他可以看到裡面所裝的東西，告訴人說：「這是稻米、這是糙米、這是綠豆、這是豌豆、這是芝麻、這是白米。」

比丘們！相同地，比丘仔細思考這身體，自腳底而上，自頭髮而下，皮膚所覆蓋的都是充滿種種不淨，他這麼想：「在

這身體中,有頭髮、膚毛、指甲、牙齒、皮膚、肌肉、筋腱、骨、髓、腎臟、心臟、肝臟、肋膜、脾臟、肺臟、腸、腸間膜、胃中物、糞便、腦、膽汁、痰、膿、血、汗、脂肪、眼淚、皮脂、唾液、鼻涕、關節液、尿水。」

於是他就身體內部觀察身體,就身體外部觀察身體,同時就身體內部、外部觀察身體。因此,他觀察身體當中不斷生起的現象,他觀察身體當中不斷滅去的現象,他同時觀察身體當中不斷生起、滅去的現象。於是他清楚覺知:「這是身體!」修成了只有正念與覺照的境界,超越執著,不再貪著身心世界的任何事物。比丘們!這就是比丘如何就身體觀察身體。

(五) 思惟四界

又,比丘們!比丘仔細思考這身體,不論置身何處或何種姿勢,依身體組成要素的特性,他這麼想:「在此身中,有地界、水界、火界與風界。」

比丘們!這就像技術熟練的屠夫,或屠夫的學徒,殺了一條牛並將它分解成塊後,他們坐在十字路口。比丘們!相同地,比丘仔細思考這身體,不論置身何處或何種姿勢,依身體的組成要素,他這麼想:「在此身中,有地界、水界、火界與風界。」

於是他就身體內部觀察身體,就身體外部觀察身體,同時

就身體內部、外部觀察身體。因此，他觀察身體當中不斷生起的現象，他觀察身體當中不斷滅去的現象，他同時觀察身體當中不斷生起、滅去的現象。於是他清楚覺知：「這是身體！」修成了只有正念與覺照的境界，超越執著，不再貪著身心世界的任何事物。比丘們！這就是比丘如何就身體觀察身體。

（六）觀墓園九相

（1）

又，比丘們！當比丘在墓園裡，看到一具被丟棄的屍體，這屍體已死一日、二日或三日，變成腫脹、瘀黑且潰爛，他對自己的身體這麼想：「確實如此，我的身體也是這種性質，也將變成如此，而且無法避免這樣的結果。」

於是他就身體內部觀察身體，就身體外部觀察身體，同時生起的現象，他觀察身體當中不斷滅去的現象，他同時觀察身體當中不斷生起、滅去的現象。於是他清楚覺知：「這是身體！」修成了只有正念與覺照的境界，超越執著，不再貪著身心世界的任何事物。比丘們！這就是比丘如何就身體觀察身體。

(2)

又，比丘們！當比丘在墓園裡，看到一具被丟棄的屍體，這屍體被烏鴉、禿鷹、獵鷹、蒼鷺所啄食，或被野狗、老虎、豹、胡狼所咬，或被其他種種生物所食時，他對自己的身體這麼想：「確實如此，我的身體也是這種性質，也將變成如此，而且無法避免這樣的結果。」

於是他就身體內部觀察身體，就身體外部觀察身體，同時就身體內部、外部觀察身體。因此，他觀察身體當中不斷生起的現象，他觀察身體當中不斷滅去的現象，他同時觀察身體當中不斷生起、滅去的現象。於是他清楚覺知：「這是身體！」修成了只有正念與覺照的境界，超越執著，不再貪著身心世界的任何事物。比丘們！這就是比丘如何就身體觀察身體。

(3)

又，比丘們！當比丘在墓園裡，看到一具被丟棄的屍體，只剩下骸骨、附著在骨上的一些血肉，以及連結骨骸的筋腱，他對自己的身體這麼想：「確實如此，我的身體也是這種性質，也將變成如此，而且無法避免這樣的結果。」

於是他就身體內部觀察身體，就身體外部觀察身體，同時就身體內部、外部觀察身體。因此，他觀察身體當中不斷生起的現象，他觀察身體當中不斷滅去的現象，他同時觀察身

體當中不斷生起、滅去的現象。於是他清楚覺知：「這是身體！」修成了只有正念與覺照的境界，超越執著，不再貪著身心世界的任何事物。比丘們！這就是比丘如何就身體觀察身體。

（4）

又，比丘們！當比丘在墓園裡，看到一具被丟棄的屍體，只剩下沒有皮肉，只有一塊塊血跡的骸骨，和連結骨骸的筋腱，他對自己的身體這麼想：「確實如此，我的身體也是這種性質，也將變成如此，而且無法避免這樣的結果。」

於是他就身體內部觀察身體，就身體外部觀察身體，同時就身體內部、外部觀察身體。因此，他觀察身體當中不斷生起的現象，他觀察身體當中不斷滅去的現象，他同時觀察身體當中不斷生起、滅去的現象。於是他清楚覺知：「這是身體！」修成了只有正念與覺照的境界，超越執著，不再貪著身心世界的任何事物。比丘們！這就是比丘如何就身體觀察身體。

（5）

又，比丘們！當比丘在墓園裡，看到一具被丟棄的屍體，只剩血肉不存的骸骨，及連結骨骸的筋腱，他對自己的身體這麼想：「確實如此，我的身體也是這種性質，也將變成如

此，而且無法避免這樣的結果。」

於是他就身體內部觀察身體，就身體外部觀察身體，同時就身體內部、外部觀察身體。因此，他觀察身體當中不斷生起的現象，他觀察身體當中不斷滅去的現象，他同時觀察身體當中不斷生起、滅去的現象。於是他清楚覺知：「這是身體！」修成了只有正念與覺照的境界，超越執著，不再貪著身心世界的任何事物。比丘們！這就是比丘如何就身體觀察身體。

(6)

又，比丘們！當比丘在墓園裡，看到一具被丟棄的屍體，只剩一堆骨節肢解的骨頭，四散各處：這兒是手骨，那裡是腳骨；這兒有踝骨，那裡有膝骨；這裡有大腿骨，那裡有骨盆骨；這是脊椎骨，那是肩胛骨；又有肩骨、頸骨、下顎骨、牙齒及頭蓋骨，他對自己的身體這麼想：「確實如此，我的身體也是這種性質，也將變成如此，而且無法避免這樣的結果。」

於是他就身體內部觀察身體，就身體外部觀察身體，同時就身體內部、外部觀察身體。因此，他觀察身體當中不斷生起的現象，他觀察身體當中不斷滅去的現象，他同時觀察身體當中不斷生起、滅去的現象。於是他清楚覺知：「這是身體！」修成了只有正念與覺照的境界，超越執著，不再貪著

身心世界的任何事物。比丘們！這就是比丘如何就身體觀察
身體。

（7）

又，比丘們！當比丘在墓園裡，看到一具被丟棄的屍體，
只剩下一堆泛白如海螺殼的骨頭，他對自己的身體這麼想：
「確實如此，我的身體也是這種性質，也將變成如此，而且
無法避免這樣的結果。」

於是他就身體內部觀察身體，就身體外部觀察身體，同時
就身體內部、外部觀察身體。因此，他觀察身體當中不斷生
起的現象，他觀察身體當中不斷滅去的現象，他同時觀察身
體當中不斷生起、滅去的現象。於是他清楚覺知：「這是身
體！」修成了只有正念與覺照的境界，超越執著，不再貪著
身心世界的任何事物。比丘們！這就是比丘如何就身體觀察
身體。

（8）

又，比丘們！當比丘在墓園裡，看到一具被丟棄的屍體，
經過年餘，堆積成堆的骨頭，他對自己的身體這麼想：「確實
如此，我的身體也是這種性質，也將變成如此，而且無法避
免這樣的結果。」

於是他就身體內部觀察身體，就身體外部觀察身體，同時

就身體內部、外部觀察身體。因此，他觀察身體當中不斷生起的現象，他觀察身體當中不斷滅去的現象，他同時觀察身體當中不斷生起、滅去的現象。於是他清楚覺知：「這是身體！」修成了只有正念與覺照的境界，超越執著，不再貪著身心世界的任何事物。比丘們！這就是比丘如何就身體觀察身體。

(9)

又，比丘們！當比丘在墓園裡，看到一具被丟棄的屍體，骨頭腐蝕成粉，他對自己的身體這麼想：「確實如此，我的身體也是這種性質，也將變成如此，而且無法避免這樣的結果。」

於是他就身體內部觀察身體，就身體外部觀察身體，同時就身體內部、外部觀察身體。因此，他觀察身體當中不斷生起的現象，他觀察身體當中不斷滅去的現象，他同時觀察身體當中不斷生起、滅去的現象。於是他清楚覺知：「這是身體！」修成了只有正念與覺照的境界，超越執著，不再貪著身心世界的任何事物。比丘們！這就是比丘如何就身體觀察身體。

二、觀受念處

比丘們！比丘如何就感受觀察感受呢？

比丘們！比丘在經歷快樂的感受時，他清楚了知：「我正經歷快樂的感受。」

　　在經歷痛苦的感受時，他清楚了知：「我正經歷痛苦的感受。」

　　在經歷不苦不樂的感受時，他清楚了知：「我正經歷不苦不樂的感受。」

　　在他執著於快樂的感受時，他清楚了知：「我正執著於快樂的感受。」

　　沒有執著於快樂的感受時，他清楚了知：「我沒有執著於快樂的感受。」

　　在執著於痛苦的感受時，他清楚了知：「我正執著於痛苦的感受。」

　　沒有執著於痛苦的感受時，他清楚了知：「我沒有執著於痛苦的感受。」

　　當執著於不苦不樂的感受時，他清楚了知：「我執著於不苦不樂的感受。」

　　沒有執著於不苦不樂的感受時，他清楚了知：「我沒有執著於不苦不樂的感受。」

　　於是他於內部就感受觀察感受，於外部就感受觀察感受，同時於內部、外部就感受觀察感受。因此，他觀察感受當中不斷生起的現象，他觀察感受當中不斷滅去的現象，他同時觀察感受當中不斷生起、滅去的現象。於是他清楚覺知：「這

是感受！」修成了只有正念與覺照的境界，超越執著，不再貪著身心世界的任何事物。比丘們！這就是比丘如何就感受觀察感受。

三、觀心念處

又，比丘們！比丘如何就心觀察心呢？比丘們！當心有貪愛時，比丘清楚了知心有貪愛，當心沒有貪愛時，清楚了知心沒有貪愛；當心有瞋恨時，清楚了知心有瞋恨，當心沒有瞋恨時，清楚了知心沒有瞋恨；當心有愚癡時，清楚了知心有愚癡，當心沒有愚癡時，清楚了知心沒有愚癡；當心收攝時，清楚了知心收攝，當心渙散時，清楚了知心渙散；當心廣大時，清楚了知心廣大，當心不廣大時，清楚了知心不廣大；當心有上時，清楚了知心有上，當心無上時，清楚了知心無上；當心專注時，清楚了知心專注，當心不專注時，清楚了知心不專注；當心解脫時，清楚了知心解脫，當心未解脫時，清楚了知心未解脫。

於是他就內在的心觀察心，就外在的心觀察心，同時就內在、外在的心觀察心。因此，他觀察心中不斷生起的現象，他觀察心中不斷滅去的現象，他同時觀察心中不斷生起、滅去的現象。於是他清楚覺知：「這是心！」修成了只有正念與覺照的境界，超越執著，不再貪著身心世界的任何事物。

比丘們！這就是比丘如何就心觀察心。

四、觀法念處

（一）五蓋

比丘們！比丘如何就諸法觀察諸法呢？比丘們！比丘就諸法觀察諸法，亦即就五蓋觀察諸法。比丘們！比丘如何就諸法觀察諸法，亦即如何就五蓋觀察諸法呢？比丘們！當比丘生起貪欲時，他清楚了知：「我生起貪欲」；當比丘不起貪欲時，他清楚了知：「我不起貪欲」。他清楚了知，未生的貪欲生起了；他清楚了知，現在生起的貪欲去除了；他清楚了知，現在已去除的貪欲，未來不再生起。

當比丘生起瞋恚時，他清楚了知：「我生起瞋恚」；當比丘不起瞋恚時，他清楚了知：「我不起瞋恚」。他清楚了知，未生的瞋恚生起了；他清楚了知，現在生起的瞋恚去除了；他清楚了知，現在已去除的瞋恚，未來不再生起。

當比丘生起昏沉和睡眠時，他清楚了知：「我生起昏沉和睡眠」；當比丘不起昏沉和睡眠時，他清楚了知：「我不起昏沉和睡眠」。他清楚了知，未生的昏沉和睡眠生起了；他清楚了知，現在生起的昏沉和睡眠去除了；他清楚了知，現在已去除的昏沉和睡眠，未來不再生起。

當比丘生起掉舉和後悔時，他清楚了知：「我生起掉舉和後

悔」；當比丘掉舉和後悔不起時，他清楚了知：「我不起掉舉和後悔」。他清楚了知，未生的掉舉和後悔生起了；他清楚了知，現在生起的掉舉和後悔去除了；他清楚了知，現在已去除的掉舉和後悔，未來不再生起。

當比丘生起疑惑時，他清楚了知：「我生起疑惑」；當比丘不起疑惑時，他清楚了知：「我不起疑惑」。他清楚了知，未生的疑惑生起了；他清楚了知，現在生起的疑惑去除了；他清楚了知，現在已去除的疑惑，未來不再生起。

於是他就內在的諸法觀察諸法，就外在的諸法觀察諸法，同時就內在、外在的諸法觀察諸法。因此，他觀察諸法不斷生起的現象，他觀察諸法不斷滅去的現象，他同時觀察諸法不斷生起、滅去的現象。於是他清楚覺知：「這是諸法！」修成了只有正念與覺照的境界，超越執著，不再貪著身心世界的任何事物。比丘們！這就是比丘如何就諸法觀察諸法，亦即就五蓋觀察諸法。

（二）五取蘊

比丘們！比丘如何就諸法觀察諸法呢？比丘們！比丘就諸法觀察諸法，亦即就五取蘊觀察諸法。比丘們！比丘如何就諸法觀察諸法，亦即如何就五取蘊觀察諸法呢？比丘們！比丘清楚了知：「這是色，這是色的生起，這是色的滅去；這是受，這是受的生起，這是受的滅去；這是想，這是想的生

起，這是想的滅去；這是行，這是行的生起，這是行的滅去；這是識，這是識的生起，這是識的滅去。」

於是他就內在的諸法觀察諸法，就外在的諸法觀察諸法，同時就內在、外在的諸法觀察諸法。因此，他觀察諸法不斷生起的現象，他觀察諸法不斷滅去的現象，他同時觀察諸法不斷生起、滅去的現象。於是他清楚覺知：「這是諸法！」修成了只有正念與覺照的境界，超越執著，不再貪著身心世界的任何事物。比丘們！這就是比丘如何就諸法觀察諸法，亦即就五取蘊觀察諸法。

（三）六內處和六外處

比丘們！比丘如何就諸法觀察諸法呢？比丘們！比丘就諸法觀察諸法，亦即就六內處和六外處觀察諸法。比丘們！比丘如何就諸法觀察諸法，亦即如何就六內處和六外處觀察諸法呢？比丘們！比丘清楚了知眼根，清楚了知色塵，以及清楚了知依此二者所眾生的束縛。他清楚了知，未生的束縛生起了；他清楚了知，現在已生的束縛去除了；他清楚了知，現在已去除的束縛，未來不再生起。

比丘清楚了知耳根，清楚了知聲塵，以及清楚了知依此二者所眾生的束縛。他清楚了知，未生的束縛生起了；他清楚了知，現在已生的束縛去除了；他清楚了知，現在已去除的束縛，未來不再生起。

比丘清楚了知鼻根，清楚了知香塵，以及清楚了知依此二者所眾生的束縛。他清楚了知，未生的束縛生起了；他清楚了知，現在已生的束縛去除了；他清楚了知，現在已去除的束縛，未來不再生起。

　　比丘清楚了知舌根，清楚了知味塵，以及清楚了知依此二者所眾生的束縛。他清楚了知，未生的束縛生起了；他清楚了知，現在已生的束縛去除了；他清楚了知，現在已去除的束縛，未來不再生起。

　　比丘清楚了知身根，清楚了知觸塵，以及清楚了知依此二者所眾生的束縛。他清楚了知，未生的束縛生起了；他清楚了知，現在已生的束縛去除了；他清楚了知，現在已去除的束縛，未來不再生起。

　　比丘清楚了知意根，清楚了知法，以及清楚了知依此二者所眾生的束縛。他清楚了知，未生的束縛生起了；他清楚了知，現在已生的束縛去除了；他清楚了知，現在已去除的束縛，未來不再生起。

　　於是他就內在的諸法觀察諸法，就外在的諸法觀察諸法，同時就內在、外在的諸法觀察諸法。因此，他觀察諸法不斷生起的現象，他觀察諸法不斷滅去的現象，他同時觀察諸法不斷生起、滅去的現象。於是他清楚覺知：「這是諸法！」修成了只有正念與覺照的境界，超越執著，不再貪著身心世界的任何事物。比丘們！這就是比丘如何就諸法觀察諸法，亦

即就六內處和六外處觀察諸法。

（四）七覺支[②]

又，比丘們！比丘如何就諸法觀察諸法呢？比丘們！比丘就諸法觀察諸法，亦即就七覺支觀察諸法。比丘們！比丘如何就諸法觀察諸法，亦即如何就七覺支觀察諸法呢？比丘們！比丘有念覺支時，他清楚了知：「我有念覺支」；當比丘無念覺支時，清楚了知：「我無念覺支」。他清楚了知，未生的念覺支生起了；他清楚了知，現在已生的念覺支，增長圓滿了。

比丘有擇法覺支時，他清楚了知：「我有擇法覺支」；當比丘無擇法覺支時，清楚了知：「我無擇法覺支」。他清楚了知，未生的擇法覺支生起了；他清楚了知，現在已生的擇法覺支，增長圓滿了。

比丘有精進覺支時，他清楚了知：「我有精進覺支」；當比丘無精進覺支時，清楚了知：「我無精進覺支」。他清楚了知，未生的精進覺支生起了；他清楚了知，現在已生的精進覺支，增長圓滿了。

比丘有喜覺支時，他清楚了知：「我有喜覺支」；當比丘無喜覺支時，清楚了知：「我無喜覺支」。他清楚了知，未生的喜覺支生起了；他清楚了知，現在已生的喜覺支，增長圓滿了。

比丘有輕安覺支時，他清楚了知：「我有輕安覺支」；當比丘無輕安覺支時，清楚了知：「我無輕安覺支」。他清楚了知，未生的輕安覺支生起了；他清楚了知，現在已生的輕安覺支，增長圓滿了。

比丘有定覺支時，他清楚了知：「我有定覺支」；當比丘無定覺支時，清楚了知：「我無定覺支」。他清楚了知，未生的定覺支生起了；他清楚了知，現在已生的定覺支，增長圓滿了。

比丘有捨覺支時，他清楚了知：「我有捨覺支」；當比丘無捨覺支時，清楚了知：「我無捨覺支」。他清楚了知，未生的捨覺支生起了；他清楚了知，現在已生的捨覺支，增長圓滿了。

於是他就內在的諸法觀察諸法，就外在的諸法觀察諸法，同時就內在、外在的諸法觀察諸法。因此，他觀察諸法不斷生起的現象，他觀察諸法不斷滅去的現象，他同時觀察諸法不斷生起、滅去的現象。於是他清楚覺知：「這是法！」修成了只有正念與覺照的境界，超越執著，不再貪著身心世界的任何事物。比丘們！這就是比丘如何就諸法觀察諸法，亦即就七覺支觀察諸法。

（五）四聖諦

又，比丘們！比丘如何就諸法觀察諸法呢？比丘們！比丘

就諸法觀察諸法，亦即就四聖諦觀察諸法。比丘們！比丘如何就諸法觀察諸法，亦即如何就四聖諦觀察諸法呢？比丘們！比丘如實地清楚了知：「這是苦」；他如實地清楚了知：「這是苦之集」；他如實地清楚了知：「這是苦之滅」；他如實地清楚了知：「這是導致苦滅之道」。

（1）苦聖諦

又，比丘們！什麼是苦聖諦呢？生是苦，老是苦，病是苦，死是苦，愁、嘆、苦、憂、惱是苦，怨憎會是苦，愛別離是苦，求不得是苦。總括地說，五取蘊就是苦。

又，比丘們！什麼是生？如果有所謂的生，對一切眾生而言，在各類的眾生中，他們的受生、形成、出生、顯現諸蘊、獲得內外處，比丘們！這就叫做生。

又，比丘們！什麼是老？如果有所謂的老，對一切眾生而言，在各類的眾生中，他們的衰弱、老朽、牙齒脫落、頭髮灰白、皮膚鬆皺、壽命將盡、機能退化，比丘們！這就是老。

又，比丘們！什麼是死？如果有所謂的死，對一切眾生而言，在各類的眾生中，他們的崩潰、散滅、命終、死亡、壽命結束、五蘊離析、身體棄捨、生命滅絕，比丘們！這就是死。

又，比丘們！什麼是愁？凡是有人不論何時，受到損失或不幸之事的影響，生起這些痛苦的心態：憂愁、哀愁、愁

苦、深憂及深愁這些痛苦的心態，比丘們！這就是愁。

又，比丘們！什麼是嘆？凡是有人不論何時，受到損失或不幸之事的影響，生起哭號、哭泣、嘆息、哀號、哀嘆的狀態，比丘們！這就是嘆。

又，比丘們！什麼是苦？比丘們！由於身體的接觸而生起身體上任何的苦楚、不適、不愉快的感受，比丘們！這就是苦。

又，比丘們！什麼是憂？比丘們！心理上任何的苦楚、不適或由心理接觸而生起任何痛苦、不愉快的感受，比丘們！這就是憂。

又，比丘們！什麼是惱？凡是有人不論何時，受到損失或不幸之事的影響，眾生惱亂、苦惱、憂惱、燥惱這些心態，比丘們！這就是惱。

又，比丘們！什麼是怨憎會苦？凡是有人不論何時、何處遇到不愉快、不喜歡的色、聲、香、味、觸、法，或時時處處遇到不幸、傷害、困難、不安，如果交往、相遇、接觸、結合，比丘們！這就叫怨憎會苦。

又，比丘們！什麼是愛別離苦？凡是有人不論何時、何處與所感興趣、所喜歡、所愛的色、聲、香、味、觸、法的塵境分離，對那些期望他幸運、富裕、舒適或安全的人，如父母、兄弟姊妹、朋友同事、親戚等，與他們分離，不能相見、親近、結合，比丘們，這就叫愛別離苦。

又，比丘們！什麼是求不得苦？比丘們！對眾生而言，他們是受生支配的眾生，生起這樣的欲求：「但願我們不受生的支配！但願我們不再輪迴轉生！」但這並不是只靠欲求就可得到的，這就是求不得苦。

比丘們！什麼是求不得苦？比丘們！對眾生而言，他們是受老支配的眾生，生起這樣的欲求：「但願我們不受老的支配！但願我們不受老的支配！」但這並不是只靠欲求就可得到的，這就是求不得苦。

比丘們！什麼是求不得苦？比丘們！受病支配的眾生，生起這樣的欲求：「但願我們不受病的支配！但願我們沒有病苦！」但這並不是只靠欲求就可得到的，這就是求不得苦。

比丘們！什麼是求不得苦？比丘們！受死支配的眾生，生起這樣的欲求：「但願我們不受死的支配！但願我們永遠不死！」但這並不是只靠欲求就可得到的，這就是求不得苦。

比丘們！什麼是求不得苦？比丘們！受愁、嘆、苦、憂、惱的支配的眾生，生起這樣的欲求：「但願我們不受愁、嘆、苦、憂、惱的支配！但願我們不再愁、嘆、苦、憂、惱！」但這並不是只靠欲求就可得到的，這就是求不得苦。

比丘們！什麼是「總括地說五取蘊就是苦」？色取蘊是苦，受取蘊是苦，想取蘊是苦，行取蘊是苦，識取蘊是苦。比丘們！這就是「總括地說五取蘊就是苦」。比丘們！這就是苦聖諦。

（2）集聖諦

又，比丘們！什麼是苦集聖諦呢？它就是貪愛，就是造成不斷輪迴，爲喜樂、欲求所束縛，以及任何情況都不忘尋求快樂的欲望，也就是欲愛、有愛及無有愛。比丘們！而這貪愛從哪裡生起，又從何處建立？在身心世界，只要有誘人的、令人喜悅的事物，就有貪愛的生起和建立。

而在身心世界，什麼是誘人的、令人喜悅的事物呢？在身心世界中，眼根是誘人的、令人喜悅的，於是貪愛就在那裡生起，貪愛就在該處建立。在身心世界中，耳根是誘人的、令人喜悅的，於是貪愛就在那裡生起，貪愛就在該處建立。

在身心世界中，鼻根是誘人的、令人喜悅的，於是貪愛就在那裡生起，貪愛就在該處建立。在身心世界中，舌根是誘人的、令人喜悅的，於是貪愛就在那裡生起，貪愛就在該處建立。在身心世界中，身根是誘人的、令人喜悅的，於是貪愛就在那裡生起，貪愛就在該處建立。在身心世界中，意根是誘人的、令人喜悅的，於是貪愛就在那裡生起，貪愛就在該處建立。

在身心世界中，色塵是誘人的、令人喜悅的，於是貪愛就在那裡生起，貪愛就在該處建立。在身心世界中，聲塵是誘人的、令人喜悅的，於是貪愛就在那裡生起，貪愛就在該處建立。在身心世界中，香塵是誘人的、令人喜悅的，於是貪愛就在那裡生起，貪愛就在該處建立。在身心世界中，味塵

是誘人的、令人喜悅的，於是貪愛就在那裡生起，貪愛就在該處建立。在身心世界中，觸塵是誘人的、令人喜悅的，於是貪愛就在那裡生起，貪愛就在該處建立。在身心世界中，法塵是誘人的、令人喜悅的，於是貪愛就在那裡生起，貪愛就在該處建立。

在身心世界中，眼識是誘人的、令人喜悅的，於是貪愛就在那裡生起，貪愛就在該處建立。在身心世界中，耳識是誘人的、令人喜悅的，於是貪愛就在那裡生起，貪愛就在該處建立。在身心世界中，鼻識是誘人的、令人喜悅的，於是貪愛就在那裡生起，貪愛就在該處建立。在身心世界中，舌識是誘人的、令人喜悅的，於是貪愛就在那裡生起，貪愛就在該處建立。在身心世界中，身識是誘人的、令人喜悅的，於是貪愛就在那裡生起，貪愛就在該處建立。在身心世界中，意識是誘人的、令人喜悅的，於是貪愛就在那裡生起，貪愛就在該處建立。

在身心世界中，眼觸是誘人的、令人喜悅的，於是貪愛就在那裡生起，貪愛就在該處建立。在身心世界中，耳觸是誘人的、令人喜悅的，於是貪愛就在那裡生起，貪愛就在該處建立。在身心世界中，鼻觸是誘人的、令人喜悅的，於是貪愛就在那裡生起，貪愛就在該處建立。在身心世界中，舌觸是誘人的、令人喜悅的，於是貪愛就在那裡生起，貪愛就在該處建立。在身心世界中，身觸是誘人的、令人喜悅的，於

是貪愛就在那裡生起，貪愛就在該處建立。在身心世界中，意觸是誘人的、令人喜悅的，於是貪愛就在那裡生起，貪愛就在該處建立。

在身心世界中，從眼觸所生的受是誘人的、令人喜悅的，於是貪愛就在那裡生起，貪愛就在該處建立。在身心世界中，從耳觸所生的受是誘人的、令人喜悅的，於是貪愛就在那裡生起，貪愛就在該處建立。在身心世界中，從鼻觸所生的受是誘人的、令人喜悅的，於是貪愛就在那裡生起，貪愛就在該處建立。在身心世界中，從舌觸所生的受是誘人的、令人喜悅的，於是貪愛就在那裡生起，貪愛就在該處建立。

在身心世界中，從身觸所生的受是誘人的、令人喜悅的，於是貪愛就在那裡生起，貪愛就在該處建立。在身心世界中，從意觸所生的受是誘人的、令人喜悅的，於是貪愛就在那裡生起，貪愛就在該處建立。

在身心世界中，對色塵生起的想是誘人的、令人喜悅的，於是貪愛就在那裡生起，貪愛就在該處建立。在身心世界中，對聲塵生起的想是誘人的、令人喜悅的，於是貪愛就在那裡生起，貪愛就在該處建立。在身心世界中，對香塵生起的想是誘人的、令人喜悅的，於是貪愛就在那裡生起，貪愛就在該處建立。在身心世界中，對味塵生起的想是誘人的、令人喜悅的，於是貪愛就在那裡生起，貪愛就在該處建立。

在身心世界中，對觸塵生起的想是誘人的、令人喜悅的，於是貪愛就在那裡生起，貪愛就在該處建立。在身心世界中，對法塵生起的想是誘人的、令人喜悅的，於是貪愛就在那裡生起，貪愛就在該處建立。

在身心世界中，對色塵生起的行是誘人的、令人喜悅的，於是貪愛就在那裡生起，貪愛就在該處建立。在身心世界中，對聲塵生起的行是誘人的、令人喜悅的，於是貪愛就在那裡生起，貪愛就在該處建立。在身心世界中，對香塵生起的行是誘人的、令人喜悅的，於是貪愛就在那裡生起，貪愛就在該處建立。在身心世界中，對味塵生起的行是誘人的、令人喜悅的，於是貪愛就在那裡生起，貪愛就在該處建立。

在身心世界中，對觸塵生起的行是誘人的、令人喜悅的，於是貪愛就在那裡生起，貪愛就在該處建立。在身心世界中，對法塵生起的行是誘人的、令人喜悅的，於是貪愛就在那裡生起，貪愛就在該處建立。

在身心世界中，對色塵生起的貪愛是誘人的、令人喜悅的，於是貪愛就在那裡生起，貪愛就在該處建立。在身心世界中，對聲塵生起的貪愛是誘人的、令人喜悅的，於是貪愛就在那裡生起，貪愛就在該處建立。在身心世界中，對香塵生起的貪愛是誘人的、令人喜悅的，於是貪愛就在那裡生起，貪愛就在該處建立。在身心世界中，對味塵生起的貪愛是誘人的、令人喜悅的，於是貪愛就在那裡生起，貪愛就在

該處建立。在身心世界中，對觸塵生起的貪愛是誘人的、令人喜悅的，於是貪愛就在那裡生起，貪愛就在該處建立。在身心世界中，對法塵生起的貪愛是誘人的、令人喜悅的，於是貪愛就在那裡生起，貪愛就在該處建立。

　　在身心世界中，對色塵生起的思惟是誘人的、令人喜悅的，於是貪愛就在那裡生起，貪愛就在該處建立。在身心世界中，對聲塵生起的思惟是誘人的、令人喜悅的，於是貪愛就在那裡生起，貪愛就在該處建立。在身心世界中，對香塵生起的思惟是誘人的、令人喜悅的，於是貪愛就在那裡生起，貪愛就在該處建立。在身心世界中，對味塵生起的思惟是誘人的、令人喜悅的，於是貪愛就在那裡生起，貪愛就在該處建立。在身心世界中，對觸塵生起的思惟是誘人的、令人喜悅的，於是貪愛就在那裡生起，貪愛就在該處建立。在身心世界中，對法塵生起的思惟是誘人的、令人喜悅的，於是貪愛就在那裡生起，貪愛就在該處建立。

　　在身心世界中，對色塵生起的細察是誘人的、令人喜悅的，於是貪愛就在那裡生起，貪愛就在該處建立。在身心世界中，對聲塵生起的細察是誘人的、令人喜悅的，於是貪愛就在那裡生起，貪愛就在該處建立。在身心世界中，對香塵生起的細察是誘人的、令人喜悅的，於是貪愛就在那裡生起，貪愛就在該處建立。在身心世界中，對味塵生起的細察是誘人的、令人喜悅的，於是貪愛就在那裡生起，貪愛就在

該處建立。在身心世界中，對觸塵生起的細察是誘人的、令人喜悅的，於是貪愛就在那裡生起，貪愛就在該處建立。在身心世界中，對法塵生起的細察是誘人的、令人喜悅的，於是貪愛就在那裡生起，貪愛就在該處建立。比丘們！這就是苦集聖諦。

（3）滅聖諦

又，比丘們！什麼是苦滅聖諦呢？它是貪愛的完全遠離、滅盡、捨離、棄捨、解脫、無染。但比丘們何處根除貪愛，何處息滅貪愛呢？在身心世界中，有誘人的、令人喜悅的地方，就是可以根除和息滅貪愛的地方。

但在身心世界中，什麼是誘人的、令人喜悅的事物呢？在身心世界中，眼根是誘人的、令人喜悅的，於是貪愛就在那裡根除和息滅。在身心世界中，耳根是誘人的、令人喜悅的，於是貪愛就在那裡根除和息滅。在身心世界中，鼻根是誘人的、令人喜悅的，於是貪愛就在那裡根除和息滅。在身心世界中，舌根是誘人的、令人喜悅的，於是貪愛就在那裡根除和息滅。在身心世界中，身根是誘人的、令人喜悅的，於是貪愛就在那裡根除和息滅。在身心世界中，意根是誘人的、令人喜悅的，於是貪愛就在那裡根除和息滅。在身心世界中，色塵是誘人的、令人喜悅的，於是貪愛就在那裡根除和息滅。在身心世界中，聲塵是誘人的、令人喜悅的，於是

貪愛就在那裡根除和息滅。在身心世界中，香塵是誘人的、令人喜悅的，於是貪愛就在那裡根除和息滅。在身心世界中，味塵是誘人的、令人喜悅的，於是貪愛就在那裡根除和息滅。在身心世界中，觸塵是誘人的、令人喜悅的，於是貪愛就在那裡根除和息滅。在身心世界中，法塵是誘人的、令人喜悅的，於是貪愛就在那裡根除和息滅。

在身心世界中，眼識是誘人的、令人喜悅的，於是貪愛就在那裡根除和息滅。在身心世界中，耳識是誘人的、令人喜悅的，於是貪愛就在那裡根除和息滅。在身心世界中，鼻識是誘人的、令人喜悅的，於是貪愛就在那裡根除和息滅。在身心世界中，舌識是誘人的、令人喜悅的，於是貪愛就在那裡根除和息滅。在身心世界中，身識是誘人的、令人喜悅的，於是貪愛就在那裡根除和息滅。在身心世界中，意識是誘人的、令人喜悅的，於是貪愛就在那裡根除和息滅。

在身心世界中，眼觸是誘人的、令人喜悅的，於是貪愛就在那裡根除和息滅。在身心世界中，耳觸是誘人的、令人喜悅的，於是貪愛就在那裡根除和息滅。在身心世界中，鼻觸是誘人的、令人喜悅的，於是貪愛就在那裡根除和息滅。在身心世界中，舌觸是誘人的、令人喜悅的，於是貪愛就在那裡根除和息滅。在身心世界中，身觸是誘人的、令人喜悅的，於是貪愛就在那裡根除和息滅。在身心世界中，意觸是誘人的、令人喜悅的，於是貪愛就在那裡根除和息滅。

在身心世界中，從眼觸所生的受是誘人的、令人喜悅的，於是貪愛就在那裡根除和息滅。在身心世界中，從耳觸所生的受是誘人的、令人喜悅的，於是貪愛就在那裡根除和息滅。在身心世界中，從鼻觸所生的受是誘人的、令人喜悅的，於是貪愛就在那裡根除和息滅。在身心世界中，從舌觸所生的受是誘人的、令人喜悅的，於是貪愛就在那裡根除和息滅。在身心世界中，從身觸所生的受是誘人的、令人喜悅的，於是貪愛就在那裡根除和息滅。在身心世界中，從意觸所生的受是誘人的、令人喜悅的，於是貪愛就在那裡根除和息滅。

在身心世界中，對色塵生起的想是誘人的、令人喜悅的，於是貪愛就在那裡根除和息滅。在身心世界中，對聲塵生起的想是誘人的、令人喜悅的，於是貪愛就在那裡根除和息滅。在身心世界中，對香塵生起的想是誘人的、令人喜悅的，於是貪愛就在那裡根除和息滅。在身心世界中，對味塵生起的想是誘人的、令人喜悅的，於是貪愛就在那裡根除和息滅。在身心世界中，對觸塵生起的想是誘人的、令人喜悅的，於是貪愛就在那裡根除和息滅。在身心世界中，對法塵生起的想是誘人的、令人喜悅的，於是貪愛就在那裡根除和息滅。

在身心世界中，對色塵生起的行是誘人的、令人喜悅的，於是貪愛就在那裡根除和息滅。在身心世界中，對聲塵生起

的行是誘人的、令人喜悅的，於是貪愛就在那裡根除和息滅。在身心世界中，對香塵生起的行是誘人的、令人喜悅的，於是貪愛就在那裡根除和息滅。在身心世界中，對味塵生起的行是誘人的、令人喜悅的，於是貪愛就在那裡根除和息滅。在身心世界中，對觸塵生起的行是誘人的、令人喜悅的，於是貪愛就在那裡根除和息滅。在身心世界中，對法塵生起的行是誘人的、令人喜悅的，於是貪愛就在那裡根除和息滅。

在身心世界中，對色塵生起的貪愛是誘人的、令人喜悅的，於是貪愛就在那裡根除和息滅。在身心世界中，對聲塵生起的貪愛是誘人的、令人喜悅的，於是貪愛就在那裡根除和息滅。在身心世界中，對香塵生起的貪愛是誘人的、令人喜悅的，於是貪愛就在那裡根除和息滅。在身心世界中，對味塵生起的貪愛是誘人的、令人喜悅的，於是貪愛就在那裡根除和息滅。在身心世界中，對觸塵生起的貪愛是誘人的、令人喜悅的，於是貪愛就在那裡根除和息滅。在身心世界中，對法塵生起的貪愛是誘人的、令人喜悅的，於是貪愛就在那裡根除和息滅。

在身心世界中，對色塵生起的思惟是誘人的、令人喜悅的，於是貪愛就在那裡根除和息滅。在身心世界中，對聲塵生起的思惟是誘人的、令人喜悅的，於是貪愛就在那裡根除和息滅。在身心世界中，對香塵生起的思惟是誘人的、令人

喜悅的，於是貪愛就在那裡根除和息滅。在身心世界中，對味塵生起的思惟是誘人的、令人喜悅的，於是貪愛就在那裡根除和息滅。在身心世界中，對觸塵生起的思惟是誘人的、令人喜悅的，於是貪愛就在那裡根除和息滅。在身心世界中，對法塵生起的思惟是誘人的、令人喜悅的，於是貪愛就在那裡根除和息滅。

　　在身心世界中，對色塵生起的細察是誘人的、令人喜悅的，於是貪愛就在那裡根除和息滅。在身心世界中，對聲塵生起的細察是誘人的、令人喜悅的，於是貪愛就在那裡根除和息滅。在身心世界中，對香塵生起的細察是誘人的、令人喜悅的，於是貪愛就在那裡根除和息滅。在身心世界中，對味塵生起的細察是誘人的、令人喜悅的，於是貪愛就在那裡根除和息滅。在身心世界中，對觸塵生起的細察是誘人的、令人喜悅的，於是貪愛就在那裡根除和息滅。在身心世界中，對法塵生起的細察是誘人的、令人喜悅的，於是貪愛就在那裡根除和息滅。比丘們！這就是苦滅聖諦。

（4）道聖諦

　　又，比丘們！什麼是導致苦滅的道聖諦呢？那就是八聖道，即正見、正思惟、正語、正業、正命、正精進、正念、正定。

　　又，比丘們！什麼是正見呢？比丘們！正見就是知苦、知

苦之集、知苦之滅、知導致苦滅之道的知見。比丘們！這就是正見。

又，比丘們！什麼是正思惟呢？比丘們！正思惟就是離欲、不染世樂的思惟，也是沒有瞋恨、沒有暴力的想法。比丘們！這就是正思惟。

又，比丘們！什麼是正語呢？比丘們！正語就是不妄語、不兩舌、不惡口與不綺語。比丘們！這就是正語。

又，比丘們！什麼是正業呢？比丘們！正業就是不殺、不偷及不邪淫。比丘們！這就是正業。

又，比丘們！什麼是正命呢？比丘們！正命就是聖弟子不以錯誤的方式營取生活，而以正確的方式經營生活。比丘們！這就是正命。

又，比丘們！什麼是正精進呢？比丘們！比丘下定決心，精進努力、振奮心志、全力以赴地投入防止未生的惡行、不善心的生起；比丘下定決心，精進努力、振奮心志、全力以赴地投入去除已生起的惡行和不善心；比丘下定決心，精進努力、振奮心志、全力以赴地投入開展未生的善行和善心，使之能生起；比丘下定決心，精進努力、振奮心志、全力以赴地投入保持已生的善念，不使它退失，使之增長、成熟、圓滿地開展；比丘們！這就是正精進。

又，比丘們！什麼是正念呢？比丘們！比丘精勤、正念、正知，就身體觀察身體，去除對身心世界的貪欲和憂惱；比

丘精勤、正念、正知，就感受觀察感受，去除對身心世界的貪欲和憂惱；比丘精勤、正念、正知，就心觀察心，去除對身心世界的貪欲和憂惱；比丘精勤、正念、正知，就諸法觀察諸法，去除對身心世界的貪欲和憂惱；比丘們！這就是正念。

又，比丘們！什麼是正定呢？比丘們！比丘捨離貪愛、不善之心念，眾生離欲之心，伴隨著尋和伺並充滿喜樂，他進入初禪；尋、伺消失，獲得內心平靜和專心一致，眾生離欲和無尋、無伺之心，充滿喜樂，他進入第二禪；喜消失後，他住於平等心，對感受完全正念、正知，並且在身體經驗到聖者所說的：「由覺知和平等心所眾生的樂」他進入第三禪；在根除苦樂以及先前的喜憂也消失之後，他因此進入超越苦、樂的第四禪，充滿平等心和覺知。比丘們！這就是正定。比丘們！這就是導致苦滅之道聖諦。

於是他就內在的諸法觀察諸法，就外在的諸法觀察諸法，同時就內在、外在的諸法觀察諸法。因此，他觀察諸法不斷生起的現象，他觀察諸法不斷滅去的現象，他同時觀察諸法不斷生起、滅去的現象。於是他清楚覺知：「這是諸法！」修成了只有正念與覺照的境界，超越執著，不再貪著身心世界的任何事物。比丘們！這就是比丘如何就諸法觀察諸法，亦即就四聖諦觀察諸法。

比丘們！任何人，依這個方式正確地修四念處七年，就可

以期望有兩種果報中的一種：現生得最上智慧；如果煩惱未盡，則得不還果。

比丘們！不用說七年，如果有任何人，依這個方式正確地修四念處六年，就可以期望得到兩種果位中的一種：現生得大智慧；如果煩惱未盡，則得不還果。

比丘們！不用說六年，……比丘們！不用說五年，……比丘們！不用說四年，……比丘們！不用說三年，……比丘們！不用說二年，……比丘們！不用說一年，如果有任何人，依這個方式正確地修四念處七個月，就可以期望得到兩種果位中的一種：現生得最上智慧；如果煩惱未盡，則得不還果。

比丘們！不用說七個月，……比丘們！不用說六個月，……比丘們！不用說五個月，……比丘們！不用說四個月，……比丘們！不用說三個月，……比丘們！不用說二個月，……比丘們！不用說一個月，……比丘們！不用說半個月，如果有人依這個方式正確地修四念處七天，就可以期望得到兩種果位中的一種：現生得最上智慧；如果煩惱未盡，則得不還果。

這就是為什麼說：「比丘們！只有一條道路可以使眾生清淨，克服愁嘆，滅除苦憂，獲得正道，體證涅槃，這條道路就是四念處。」

世尊如此說法後，比丘們皆大歡喜，讚嘆世尊所說的法。

譯註

①《大念處經》：譯自巴利經典《長部》第 22 經，經典主要在談四念處，即觀身念處、觀受念處、觀心念處、觀法念處。

②七覺支：是五根、五力所顯發的七種覺悟。（一）擇法覺支：即以智慧簡擇法的真偽。（二）精進覺支：即以勇猛心，力行正法。（三）喜覺支：即心得善法，而生歡喜。（四）輕安覺支：即除去身心粗重煩惱，而得輕快安樂。（五）念覺支：即時刻觀念正法，而令定、慧均等。（六）定覺支：即心唯一境，而不散亂。（七）捨覺支：即捨離一切虛妄的法，而力行正法。

佛經選讀（二）
正念的呼吸：《入出息念經》

出處：巴利經典《中部》第118經英譯中：廣淨法師

　　諸比丘！持續不斷修習入出息念，能獲大果，能致大譽。持續不斷修習入出息念，可令四念處修習圓滿。持續不斷修習入出息念，可令七覺支修習圓滿，持續不斷修習入出息念，可令智慧解脫完成。

　　諸比丘！如何修習入出息念，如何持續不斷修習，能獲大果，能致大譽？

　　諸比丘！如此，比丘或往林中，或往樹下，或往寂靜處，結跏趺坐，端身正直，繫念在前。息入知正入息，息出知正出息。

　　（吸氣，行者知道他正在吸氣；呼氣，行者知道他正在呼氣。）

一、觀身

　　1. 吸入的氣很長，行者知道「我正在吸入長息」；呼出的氣很長，行者知道「我正在呼出長息」。

　　2. 吸入的氣很短，行者知道「我正在吸入短息」；呼出的氣很短，行者知道「我正在呼出短息」。

3.「我正在吸氣，同時注意到息的全身。我正在呼氣，同時注意到息的全身。」行者努力練習。

4.「吸氣我令息的全身寧靜祥和，呼氣我令息的全身寧靜祥和。」行者努力練習。

二、觀受

5.「吸氣我感到喜悅，呼氣我感到喜悅。」行者努力練習。

6.「吸氣我感到快樂，呼氣我感到快樂。」行者努力練習。

7.「我正在吸氣，同時了知我心理的活動。我正在呼氣，同時了知我心理的活動。」行者努力練習。

8.「我正在吸氣，同時使我心理的活動寧靜祥和。我正在呼氣，同時使我心理的活動寧靜祥和。」行者努力練習。

三、觀心

9.「我正在吸氣，同時覺察到我的心。我正在呼氣，同時覺察到我的心。」行者努力練習。

10.「我正在吸氣，同時使我的心愉悅祥和。我正在呼氣，同時使我的心愉悅祥和。」行者努力練習。

11.「我正在吸氣，同時集中我的心念。我正在呼氣，同時集中我的心念。」行者努力練習。

12.「我正在吸氣，同時疏解我的心結。我正在呼氣，同時疏解我的心結。」行者努力練習。

四、觀法

13.「我正在吸氣，同時觀察諸法無常的本性。我正在呼氣，同時觀察諸法無常的本性。」行者努力練習。

14.「我正在吸氣，同時觀察諸法離染。我正在呼氣，同時觀察諸法離染。」行者努力練習。

15.「我正在吸氣，同時觀察解脫。我正在呼氣，同時觀察解脫。」行者努力練習。

16.「我正在吸氣，同時觀察出離。我正在呼氣，同時觀察出離。」行者努力練習。

諸比丘！如是修習入出息念，如是持續不斷修習，能獲大果，能致大譽。

五、圓滿四念處

諸比丘！如何修習入出息，如何持續不斷修習，能令四念處修習圓滿？

（一）身念處

諸比丘！當行者專注於呼吸，吸氣行者了知「我正在吸氣」；呼氣，行者了知「我正在呼氣」；呼出長息了知「我正呼出長息」；吸入長息，了知「我正吸入長息」；呼出短息，了知「我正呼出短息」；吸入短息，了知「我正吸入短息」。

當出入息時，了知一切身，了知「我正令全身寧靜祥和」。行者堅持安住觀身在身，全然了知他的狀況，超越世間所有之執著、憂患。

行者如此專注入出息修息四念處的第一念處——身念處。

（二）受念處

諸比丘！當行者專注於呼吸，吸氣行者了知「我感到喜悅」；呼氣，行者了知「我感到喜悅」；吸氣，了知「我感到快樂」；呼氣，了知「我感到快樂」；呼氣，了知「我心理的活動」；吸氣，了知「我心理的活動」；吸氣，同時令其心理的活動寧靜祥和；呼氣，同時令其心理的活動寧靜祥和；行者堅持安住觀受在受，全然了知他的狀況，超越世間所有的執著、憂患。

行者如此專注入出息修息四念處的第二念處——受念處。

（三）心念處

諸比丘！當行者專注於呼吸，吸氣呼氣了知其心；使其心

愉悅祥和集中心念；令心解脫。行者堅持安住觀心在心，全然了知他的狀況，超越世間所有之執著、憂患。諸比丘不修習入出息念則不能得到任何禪定智慧。

「我正在吸氣，同時觀察出離。我正在呼氣，同時觀察出離。」行者努力練習。

（四）法念處

諸比丘！當行者專注於呼吸，照見諸法無常、離染、解脫、出離的本性。行者堅持安住觀身在身，全然了知他的狀況，超越世間所有之執著、憂患。

諸比丘！如此修習入出息念，如此持續不斷修習，能令四念處修習圓滿。

諸比丘！如何修習四念處，如何持續不斷修習，能圓滿安住於七覺支？

諸比丘！若行者恆堅持觀身在身，觀受在受，觀心在心，觀法在法，無分散意，可令念覺支堅固，念覺支堅固故，念覺支能趨於圓滿。

若行者住於念（專注，禪定狀態）無分散意，能審視心中生起的諸法──心的對象，能令第二覺支──擇法覺支生起趨於圓滿。

若行者持續、堅持不移觀照、審視諸法，無分散意，能令第三覺支──精進覺支生起趨於圓滿。

若行者精進堅固，沉著住於修習之流，則離欲喜起，能令第四覺支——喜覺支生起趨於圓滿。

　　若行者住於喜的狀態，無分散意，能令身心輕安，身心輕安則令第五覺支——輕安覺支生起趨於圓滿。

　　若行者身心輕安，則心易達於定境，能令第六覺支——定覺支生起趨於圓滿。

　　若行者住於甚深禪定中，能除諸分別，令第七覺支——捨覺支生起趨於圓滿。

　　諸比丘！如何廣修習七覺支，如何持續不斷修習，能令正智解脫完成？

　　行者住寂靜處，遵循七覺支之道，觀諸法離欲，可令念覺支修習，如是乃至擇法、精進、喜、輕安、定、捨覺支修習，如此修習七覺支能令正智解脫完成。

　　佛世尊說此經已，諸比丘皆大歡喜。

佛經選讀（三）

觀心念：《學處集要》 ①

梵文英譯：Edward Conze

菩薩四處尋找自己的心念。但，是什麼心念呢？

既不是渴愛，也不是瞋恨或無明。

那麼，是過去？是未來？或是現在嗎？

但，過去已不復存在；未來猶未來臨；現在又不確定。

迦葉！

這是因為心念無法從身內、身外，或身之內外間去捉摸。

這是因為心念無形、無色、不可見、不滯止，無法掌握，無法維持，又飄移不定。

諸佛從未見過心念，現在見不到，未來也不會見到。

諸佛從未見過的，又怎會有觀察的過程？除非是出自虛妄的想像認知？

心念就如魔術之幻，誕生於虛妄的想像力，幻現出千變萬狀。

心念就如川河之流，剎那也不停息，才剛迸現，就碎散消逝。

心念就如燈中之焰，隨因緣遞變。

心念就如雷電，瞬間爆裂即杳無蹤跡⋯⋯

菩薩四處尋找心念，於心內、心外都見不到，於五蘊、四大或六內處也找不到。

因為見不到，他轉而尋找心念的動向，並自問：「心念究

竟來自何處？」

他想到：「心念的對象在哪裡，心念就在那裡生起。」

那麼，心念是一回事，心念的對象是另一回事嗎？

不，心念的對象是什麼，心念就是什麼。

倘若心念是一回事，心念的對象是另一回事，那麼就有兩重心念了。

所以，心的對象本身就是心念。

那麼，心念能觀察心念嗎？

不，心念無法觀察心念。

正如劍刃無法自砍，心念也見不著自身。

此外，不管怎麼從四面八方震盪它、困住它，心念依舊源源不絕，毫不遲疑，敏捷如猴，飄忽如風。

它範圍迢遠，無形無體，瞬息萬變，六根（眼、耳、鼻、舌、身、意）與六境（色、聲、香、味、觸、法）相觸即被牽引，且隨境流轉不休。

換個角度說，心念的穩定、一心、不動、不惱、專注一境與不散亂，即為正念。

譯註

①《學處集要》：又稱《大乘集菩薩學論》，凡二十五卷，法稱菩薩著，宋代法護、
日稱等共譯。今收於《大正藏》第 32 冊。但西藏所傳的《學處集要》則是西元
七世紀末印度高僧寂天所著，是部知見和實修並重的經典，也是修行大乘佛教者
的教說金言集。刊行於 1902 年的梵本，分十九章，漢譯本則立十八品。內容系
就布施、持戒、忍辱、精進、禪定、般若波羅蜜等德目加以論述。本書現行的梵
本，是 1902 年英國學者賓達（C. Bendall）所刊行。英譯本，則為 Conze 直接由
梵文翻譯而成，與漢譯本比較，梵本所引述《華嚴》等經之引文較為冗長，此
外，又多處引用未傳之經文。

佛經選讀（四）

不住無為：《維摩詰所說經》

出處：《維摩詰所說經・菩薩行品》第十一（《大正藏》第 14 冊）中譯：鳩摩羅什

何謂菩薩不住無為？

謂修學空，不以空為證。

修學無相無作，不以無相無作為證。

修學無起，不以無起為證。

觀於無常，而不厭善本。

觀世間苦，而不惡生死。

觀於無我，而誨人不倦。

觀於寂滅，而不永寂滅。

觀於遠離，而身心修善。

觀無所歸，而歸趣善法。

觀於無生，而以生法，荷負一切。

觀於無漏，而不斷諸漏。

觀無諸行，而以行法教化眾生。

觀於空無，而不捨大悲。

觀正法位，而不隨小乘。

觀諸法虛妄，無牢、無人、無主、無相。

本願未滿，而不虛福德、禪定、智慧。

修如此法，是名菩薩不住無為。

又具福德故，不住無爲。

具智慧故，不盡有爲。

大慈悲故，不住無爲。

滿本願故，不盡有爲。

佛經選讀（五）

般若之心：《心經》 ①

出處：《大正藏》第 8 冊　中譯：玄奘

　　觀自在菩薩，行深般若波羅密多時，照見五蘊皆空，度一切苦厄。

　　舍利子！色不異空，空不異色，色即是空，空即是色，受、想、行、識，亦復如是。

　　舍利子！是諸法空相，不生、不滅，不垢、不淨，不增、不減，是故空中無色，無受、想、行、識，無眼、耳、鼻、舌、身、意，無色、聲、香、味、觸、法，無眼界，乃至無意識界，無無明，亦無無明盡，乃至無老、死，亦無老、死盡，無苦、集、滅、道，無智亦無得，以無所得故。

　　菩提薩埵，依般若波羅密多故，心無罣礙，無罣礙故，無有恐怖，遠離顛倒夢想，究竟涅槃。三世諸佛，依般若波羅密多故，得阿耨多羅三藐三菩提。

　　故知般若波羅密多，是大神咒，是大明咒，是無上咒，是無等等咒，能除一切苦，眞實不虛，故說般若波羅密多咒。即說咒曰：揭諦，揭諦，波羅揭諦，波羅僧揭諦，菩提薩婆訶。

譯註

①《心經》：全稱為《般若波羅密多心經》。佛教典籍，全書只有一卷，僅數百字，
　　一般將它視為《般若經》綱要，是漢、藏佛教最流行的經典之一。

善知識系列 JB0122X　正念的奇蹟

The Miracle of Mindfulness: a manual on meditation

作　　　者／一行禪師（Thich Nhat Hanh）

譯　　　者／何定照

責 任 編 輯／徐煖宜

業　　　務／顏宏紋

總　編　輯／張嘉芳

出　　　版／橡樹林文化

　　　　　　城邦文化事業股份有限公司

　　　　　　104 台北市民生東路二段 141 號 5 樓

　　　　　　電話：（02）2500-7696　傳眞：（02）2500-1951

發　　　行／英屬蓋曼群島商家庭傳媒股份有限公司城邦分公司

　　　　　　104 台北市中山區民生東路二段 141 號 5 樓

　　　　　　客服服務專線：（02）25007718；25001991

　　　　　　24 小時傳眞專線：（02）25001990；25001991

　　　　　　服務時間：週一至週五上午 09:30 ～ 12:00；下午 13:30 ～ 17:00

　　　　　　劃撥帳號：19863813　　戶名：書虫股份有限公司

　　　　　　讀者服務信箱：service@readingclub.com.tw

香港發行所／城邦（香港）出版集團有限公司

　　　　　　香港九龍九龍城土瓜灣道 86 號順聯工業大廈 6 樓 A 室

　　　　　　電話：（852）25086231　傳眞：（852）25789337

　　　　　　Email: hkcite@biznetvigator.com

馬新發行所／城邦（馬新）出版集團【Cité (M) Sdn.Bhd. (458372 U)】

　　　　　　41, Jalan Radin Anum, Bandar Baru Sri Petaling,

　　　　　　57000 Kuala Lumpur, Malaysia.

　　　　　　電話：（603）90563833　傳眞：（603）90576622

　　　　　　Email：services@cite.my

封 面 設 計／兒日設計　倪旻鋒

內 文 排 版／中原造像股份有限公司

印　　　刷／中原造像股份有限公司

初版一刷／2004 年 02 月

五版一刷／2024 年 02 月

ISBN ／ 978-626-7219-84-3

定價／ 300 元　HK$100

版權所有・翻印必究（Printed in Taiwan）

缺頁或破損請寄回更換

城邦讀書花園

www.cite.com.tw

國家圖書館出版品預行編目資料

正念的奇蹟 / 一行禪師（Thich Nhat Hanh）著；何定照譯.
-- 五版 . -- 臺北市：橡樹林文化，城邦文化事業股份有
限公司出版：英屬蓋曼群島商家庭傳媒股份有限公司城
邦分公司發行，2024.02
　　面；　公分 --（善知識系列：JB0122X）
譯自：The Miracle of Mindfulness : a manual on meditation
ISBN 978-626-7219-84-3（平裝）
1. 佛教 - 修持

225.7　　　　　　　　　　　　　　　　112020715